G. Gerngross • H. Puchta

Guida per l'insegnante

1

Indice

Premessa		3
Sillabo volume 1		10
Unità introduttiva	Pronti? Via!	12
Unità 1	I numeri	15
Unità 2	I colori	18
Unità 3	A scuola	21
Unità 4	Gli animali preferiti	24
Unità di verifica 1		27
Unità 5	I giorni della settimana	29
Unità 6	I vestiti	31
Unità 7	Buon compleanno!	35
Unità di verifica 2		38
Unità 8	Gli stati d'animo	39
Unità 9	I cibi preferiti	42
Unità 10	Il corpo	46
Unità di verifica 3		49
Il Natale		50
La Befana		51
La Pasqua		52
Un musical: la gita al mare		53
Libro degli esercizi - Soluzioni		55
Appendice		58

Grandi amici - Guida per l'insegnante 1
di G. Gerngross, H. Puchta e G. Rettaroli

© 2004 - **ELI** s.r.l.
Casella Postale 6 - Recanati - Italia
Tel. +39 071750701 - fax +39 071977851
E-mail: info@elionline.com
www.elionline.com

Illustrazioni: John Betti
Grafica e copertina: Studio Cornell sas

Tutti i diritti riservati. È assolutamente vietata la riproduzione totale o parziale di questa pubblicazione, così come la sua trasmissione sotto qualsiasi forma e con qualunque mezzo, senza l'autorizzazione della casa editrice ELI, ad eccezione delle **pagine in appendice**.

Stampato in Italia - Tecnostampa Recanati - 04.83.068.0

ISBN 88-536-0147-7

Premessa

Obiettivo principale del corso *Grandi amici* è offrire a tutti gli studenti l'opportunità di vivere l'apprendimento della lingua italiana in maniera attiva e creativa, e imparare ad utilizzare questa lingua per comunicare con gli altri.

Grandi amici si basa sulle più recenti acquisizioni della psicologia cognitiva e della programmazione neurolinguistica: i bambini ricordano meglio ciò che imparano quando, durante il processo di apprendimento, vengono attivati tutti i canali sensoriali.

I bambini, infatti, così come gli adulti, hanno diverse abilità e risorse e i loro canali di apprendimento variano da studente a studente. *Gardner* ne ha evidenziati 7, presentandoli come le *sette intelligenze*: *linguistica, logico-matematica, musicale, spaziale, corporale-globale (cinestetica), inter-personale e intra-personale*.

In questo contesto di sviluppo armonico di tutte le potenzialità dello studente è di grande importanza che, anche nelle modalità di verifica e di valutazione, l'insegnante tenga in considerazione e valorizzi l'intelligenza dello studente nelle varie forme in cui si manifesta.

In questo modo lo studente si sentirà apprezzato e valorizzato nelle sue naturali predisposizioni sviluppando la fiducia in sé e l'autostima, fattori che saranno di fondamentale importanza in un graduale sviluppo anche nelle altre modalità di apprendimento.

Tra le altre va sottolineata l'importanza dell'intelligenza musicale. I suoni, infatti, veicolano gran parte dei contenuti delle altre intelligenze. Gli stimoli sonori - parole, suoni e soprattutto canti - innestano altri momenti di apprendimento, quali l'ascolto, la visione dell'immagine, la comunicazione scritta, l'introspezione.

La psicologia dell'età infantile e quella dell'età evolutiva hanno mostrato inequivocabilmente che il cervello dei bambini a cui viene comunicata una piena accettazione di sé come persona globale fin da subito (sia con messaggi verbali che con messaggi non verbali di accettazione e di affetto) è in grado di apprendere di più e più velocemente.

Grandi amici si fonda pertanto su molteplici principi didattici ed educativi.
Abbiamo già menzionato la teoria delle intelligenze multiple di Gardner e i principi derivati dalla programmazione neurolinguistica. È inoltre importante sottolineare come la musica, la danza, il canto siano elementi importanti e costituiscano una solida base di partenza. Essi, infatti, oltre a favorire l'apprendimento della seconda lingua, aiutano a migliorare il rapporto con il proprio corpo, e aumentano il senso positivo del sé, favorendo l'andare verso l'altro, il comunicare. Inoltre l'insieme delle attività ha sempre come obiettivo il coinvolgimento dello studente nella sua globalità e la stimolazione dell'interesse. L'obiettivo principale del corso, infatti, oltre a fornire le basi per l'uso della lingua italiana in un contesto ludico di esperienze personali, è dare allo studente degli strumenti attraverso i quali possa crescere come persona.

Un altro elemento importante in *Grandi amici* è la teoria del *Total Physical Response (TPR)* di Asher: l'apprendimento è davvero stabile e a lunga durata solo quando coinvolge tutta la persona, a livello visivo, acustico e corporeo (area del "fare"). Credere che gli studenti abbiano imparato strutture o vocaboli solo perché hanno fatto bene alcuni esercizi sul libro è un'illusione, o almeno, può essere vero solo per quel ristretto numero di studenti che apprende prevalentemente attraverso l'intelligenza linguistica e logico-matematica. Uno dei punti fermi della psicologia cognitiva è che la memoria non risiede solo nel cervello, ma in tutto il corpo. È con il corpo nella sua interezza che lo studente apprende e trattiene nella cosiddetta "memoria a lungo termine". La didattica contemporanea si è indirizzata decisamente verso questa strada, sottolineando che non è solo dalle pagine di quaderno che si giudica il lavoro svolto in classe, e che gli studenti apprendono anche con canti, giochi e interviste. Lo stesso concetto di *valutazione periodica* dello studente è stato rivisto, per dare spazio ad una *valutazione globale costante*, che tenga conto di tutte le manifestazioni di

Premessa

apprendimento oltre che dei momenti espressamente dedicati ad una verifica.

L'attenzione di *Grandi amici* verso il bambino come persona in senso globale traspare da diversi fattori: dalla tipologia degli esercizi che mette in movimento tutte le *intelligenze*, dal costante riutilizzo delle strutture e dei vocaboli appresi e soprattutto dalla caratterizzazione dei personaggi delle storie e delle drammatizzazioni.
A partire infatti dall'aspetto grafico, fino ad arrivare al modo di pensare e di parlare, i personaggi del libro crescono con gli studenti. Gli studenti non troveranno così troppo infantile relazionarsi nel volume 3 con gli stessi personaggi che vedevano nel volume 1, in quanto i personaggi saranno cresciuti con loro. Questo è un ulteriore segno di attenzione verso la persona-studente, al centro del processo di apprendimento.

COME UTILIZZARE IL CORSO GRANDI AMICI

Personaggi
Nella prima lezione può essere utile presentare agli studenti i personaggi che li accompagneranno nel corso dell'anno.
Come si è detto, questi personaggi cresceranno con l'età degli studenti, così da favorire un apprendimento più naturale e un più automatico processo di immedesimazione.
Si può procedere così: l'insegnante lascia che gli studenti sfoglino il libro per qualche minuto, poi chiede se hanno colto dai disegni i nomi dei personaggi e qualche loro caratteristica.
Ecco, di seguito, una breve presentazione.

Lallo e Lillo sono due maghi, protagonisti di tante piccole avventure (e disavventure) umoristiche.
Sono due personaggi a cui le cose vanno spesso storte, ma che riescono a sorridere e a far sorridere.
Nell'Unità 7, ad esempio, Lillo vuole preparare una torta di compleanno per Lallo, segue le istruzioni sul suo libro di magie, ma non fa caso alla indicazione *Attenzione: niente acqua!*
Pochi minuti dopo, mentre sono in giardino a festeggiare, inizia a piovere, la torta si bagna ed esplode. Lillo e Lallo, comunque, sorridono e non si arrabbiano affatto.

Elena e Michele sono due ragazzi della stessa età degli studenti e sono i protagonisti di un'altra serie di storie basate su momenti di vita quotidiana e quindi dal sapore più realistico.
Sia Elena che Michele offrono modelli comportamentali positivi, pur nella loro diversità.

Elena ha un fratello più piccolo di nome Lorenzo. È una ragazzina sempre piena di idee, ha un carattere forte, avventuroso, coraggioso e prende facilmente l'iniziativa.
Si veda ad es. l'Unità 5, nella quale suo padre, a cui piace il rosa, per farle una sorpresa le dipinge la stanza di questo colore. Ad Elena, però, il rosa non piace affatto, così decide di agire: nel giro di una settimana, dipinge sulle pareti una serie di animali colorati, proprio come piace a lei.

Michele è figlio unico, è più introverso di Elena, ed anche più riflessivo.
Ama gli sport e, come Elena, è appassionato di animali. Michele è sempre disposto a rivedere i suoi comportamenti e ad imparare dai suoi eventuali errori. Si veda ad es. l'Unità 8, nella quale suo padre gli regala un nuovo gioco. Subito Michele va a chiamare i suoi amici per giocare con loro, ma questi non accettano il suo invito.
Arrabbiato, corre da suo padre, dicendogli che il gioco che gli ha regalato è veramente brutto. Si chiude poi nella sua stanza a riflettere su quanto è avvenuto, ed anche sul suo comportamento, impulsivo e scorretto. Corre allora da suo padre, ammette il suo errore e si mostra pronto a chiedere scusa.

Tobi la tigre è il protagonista delle *storie da mimare* e delle *canzoni da mimare*.
I suoi movimenti chiari ed eleganti (vedi la realizzazione in videocassetta) favoriscono l'assimilazione della mimica e coinvolgono gli studenti in un'attività multisensoriale dinamica, efficace e gratificante.

Dialoghi e storie
Nella presentazione di dialoghi e storie l'insegnante introdurrà e farà praticare i vocaboli, *prima* di mostrare il testo scritto.
In questo modo si eviteranno le interferenze

Premessa

sulla pronuncia dovute alla diversità tra codice parlato e scritto.
Prima di leggere il testo gli studenti avranno avuto quindi ampio modo di familiarizzare oralmente con vocaboli e strutture, avendo ascoltato un'ampia gamma di modelli, dall'insegnante, dalla cassetta, dagli stessi compagni, e avranno avuto modo di pronunciare i vocaboli. La lettura del codice scritto risulterà quindi, in un secondo momento, come un rinforzo ed una conferma di quanto già noto.
Prima dell'ascolto, inoltre, sarebbe bene avere un momento di canto: è dimostrato che, se una persona canta per alcuni minuti, a livello osseo e a livello nervoso si innescano dei meccanismi che favoriscono l'ascolto. Come dire: se prima si canta, poi si ascolta meglio.

Una buona sequenza per sfruttare al massimo i dialoghi sul testo è la seguente:
a) un momento di canto o di ascolto di musica (quella di Mozart può andare bene);
b) due o tre ascolti a libro chiuso;
c) uno o due ascolti ad occhi chiusi, cercando di immaginare ciò che accade a partire dal tono delle voci e dai rumori di fondo;
d) due o tre ascolti con il libro aperto;
e) un ascolto ancora ad occhi chiusi, cercando di immaginare ciò che si è visto nel testo.

Questo modo di rapportarsi ai dialoghi e alle storie aiuta ad apprendere sia gli studenti con una spiccata *intelligenza visiva*, sia quelli che prediligono momenti di *introspezione* o di *immaginazione*.

Quanto poi alla **ripetizione** dei dialoghi, attenzione a non bruciare le tappe.
Può essere utile terminare una lezione con una sequenza di ascolto, ripetere l'ascolto all'inizio della lezione successiva e solo allora chiedere agli studenti di ripetere.
Anche in questo caso, l'esperienza insegna che, soprattutto nei primi mesi di studio, è opportuno lasciare una certa libertà, chiedendo magari ad alcuni **volontari** di ripetere i dialoghi e le storie.

Canzoni, Filastrocche, Rime e Rap
Vale in parte quanto già detto per i dialoghi, perché anche per le canzoni, si inizia con un momento di ascolto.
Va detto che alcuni studenti, soprattutto i più grandi, trovano a volte troppo infantile cantare le canzoni proposte dall'insegnante. È bene non forzare: può essere un atteggiamento che con il tempo cambia.
Si consiglia all'insegnante di lanciarsi in prima persona senza timore nel canto, con l'aiuto della cassetta. Se l'insegnante canta e si diverte, anche gli studenti - intonati e non - lo seguiranno.

Capiterà che qualche studente chieda di **ballare** sulla musica delle canzoni: è una attività da incoraggiare, senza curarsi troppo di insegnare passi o movimenti particolari.
Il semplice fatto che gli studenti possano muovere tutto il corpo è già di per sé un grosso aiuto ad un *apprendimento globale*.
E se qualche studente si comporterà in maniera troppo aggressiva o, al contrario, troppo inibita, sarà compito dell'insegnante, e del *team* di cui fa parte, discutere di eventuali problemi collegati a questi comportamenti.
Qualora si scelgano anche canzoni al di fuori di quelle presentate da *Grandi amici*, attenzione che l'estensione vocale sia adatta agli studenti delle proprie classi. Se una canzone è bella, e contiene tutte le parole che servono all'insegnante per la sua lezione, ma è troppo acuta o troppo grave per quegli studenti specifici, l'azione didattica viene vanificata.

Flashcard
Per moltissimi studenti l'aspetto visivo ha un ruolo insostituibile nell'apprendimento.
Per questo motivo nelle ultime pagine di questa guida l'insegnante troverà diverse immagini, tutte relative ai vocaboli presentati nel testo.
Si tratta di **materiale fotocopiabile**, disegnato in modo che non perda la sua chiarezza e la sua efficacia. Tuttavia c'è un altro modo per avere a disposizione un set di *flashcard*: coinvolgere gli studenti nella loro realizzazione.
Spesso, nelle classi, vi sono studenti in grado di disegnare con una certa facilità.
È un dovere dell'insegnante valorizzare le capacità specifiche di questi studenti dando loro un riconoscimento positivo e insegnando, al tempo stesso, a mettere le proprie capacità al servizio di tutta la classe.

Premessa

Inoltre, le immagini proposte nell'appendice, sono facili da copiare anche per gli studenti - o gli insegnanti - meno dotati per le attività artistiche.
È poi utile scrivere la parola relativa all'immagine presentata sul retro della flashcard, anziché sotto all'immagine stessa. Gli studenti non avranno così costantemente davanti a loro l'immagine e la parola scritta, e si eviteranno fastidiose interferenze.

Videocassetta
L'uso della videocassetta è un valido aiuto per lo sviluppo di una *memoria linguistica a lungo termine* e per l'acquisizione di una pronuncia ed una intonazione di buon livello.
La videocassetta contiene la versione animata delle *storie da mimare* presentate nel testo. Le storie a fumetti sono volutamente non animate affinché gli studenti possano concentrarsi maggiormente sulla comprensione linguistica.
L'esperienza insegna che agli studenti piace vedere e rivedere anche le cose che conoscono, soprattutto se l'insegnante chiede loro di notare ogni volta degli aspetti diversi, relativi ad esempio all'intonazione delle voci, ai gesti compiuti dai personaggi, ai colori degli indumenti o del paesaggio circostante.

Un consiglio: il tasto più importante del videoregistratore è il tasto *pausa*, che consente all'immagine di rimanere ferma sullo schermo per qualche minuto. Con il fermo immagine, infatti, si possono avviare e gestire diverse attività quali la ripetizione, la descrizione, la previsione.

Storie da mimare
Presentate sia nell'audiocassetta che nella videocassetta, le storie da mimare sono basate sul principio del **Total Physical Response (TPR)**: un coinvolgimento globale del corpo nell'apprendimento e nel rinforzo di nuovi vocaboli e strutture. I nuovi elementi sono introdotti in un contesto linguistico familiare per lo studente, reso più fruibile dalla accurata realizzazione delle immagini. Agli studenti non è richiesto, da subito, di riutilizzare in maniera attiva tutto il vocabolario presentato; tuttavia, l'esperienza mostra che, proprio a causa di questa presentazione multisensoriale, il linguaggio che gli studenti sono in grado di riutilizzare è molto alto.
Dal punto di vista pratico, procedere secondo le fasi tipiche del TPR.

Se l'insegnante utilizza la videocassetta, inviterà i bambini ad osservare Tobi mentre esegue i diversi movimenti e ad imitarlo. Infatti, è Tobi il modello che i bambini dovranno seguire.

Se si decide di utilizzare l'audiocassetta, sarà invece l'insegnante stesso a fornire il modello di apprendimento attraverso le seguenti fasi:

Prima fase
- l'insegnante chiede agli studenti di alzarsi; gli studenti guardano l'insegnante che propone la *storia da mimare* frase per frase e, contemporaneamente, la mima;
- gli studenti guardano l'insegnante e mimano le stesse azioni;
- l'insegnante ripete la storia in questo modo per alcune volte;
- non appena l'insegnante nota che gli studenti sono in grado di comprendere le azioni, smette di mimarle e chiede agli studenti di farlo;
- gli studenti mimano le azioni proposte dall'insegnante, prima nell'ordine in cui sono state presentate, poi in un ordine diverso.

Seconda fase
- l'insegnante chiede agli studenti di aprire il libro;
- gli studenti prendono visione della storia;
- gli studenti scrivono nell'apposito riquadro il numero corrispondente.

Il fatto che il ruolo dell'insegnante sia assunto da Tobi fornirà agli studenti un modello ancora più motivante da imitare. D'altro canto è consigliabile utilizzare anche l'audiocassetta, che garantisce un importante modello di ascolto.
Naturalmente, man mano che la competenza linguistica degli studenti si farà più ricca, l'insegnante troverà altri modi per sfruttare ulteriormente le immagini proposte dal testo.

Premessa

Attività di soluzione di problemi
Ogni unità presenta delle attività di tipo logico-intuitivo, dove l'aspetto strettamente linguistico passa apparentemente in secondo piano. Si tratta di attività volte a consolidare lo sviluppo di abilità trasversali comuni a tutte le aree disciplinari, quali discernere connessioni logiche e relazioni, sviluppare abilità induttive e deduttive.
Nell'Unità 4, esercizio 9, ad esempio, gli studenti devono identificare quali parole o immagini vanno aggiunte alla fine di ogni sequenza sulla base di motivazioni logiche.

Dal punto di vista del metodo, è bene che gli studenti provino ad affrontare l'esercizio da soli, per poi correggerlo con i compagni. L'insegnante lascia che gli studenti si scambino pareri e motivazioni, per poi dare la soluzione a partire da ciò che essi stessi hanno detto o fatto.

Attività di riflessione linguistica
Ben prima che gli studenti siano in grado di parlare di regole grammaticali, sono però in grado di riconoscere delle costanti nella struttura delle frasi.
Gli esercizi di *Riflessione linguistica* sono mirati proprio a far emergere in maniera consapevole ciò che gli studenti spesso intuiscono.
Attraverso quegli esercizi gli studenti sono chiamati a formulare, modificare e confermare ipotesi sulla struttura del linguaggio.

Un esempio è rappresentato dall'esercizio 6 nell'Unità 3.
Dal punto di vista del metodo, l'insegnante propone una serie di esempi alla lavagna prima di passare all'esercizio sul testo.
Per l'esercizio indicato, ad esempio, scriverà:
la gomma bianca   il righello rosso
la gomma gialla   il righello giallo
evidenziando in rosso la **a** finale del nome e dell'aggettivo femminile e in blu la **o** finale del nome e dell'aggettivo maschile.

In seguito, l'insegnante chiede alcuni esempi alla classe, magari mostrando un oggetto e suggerendo il colore rosso da abbinare.
Successivamente l'insegnante cancella le parole *bianca* e *rosso* dell'esempio precedente e aggiunge al loro posto la parola *verde*, senza evidenziare nulla.

Ci si lascia quindi suggerire altri esempi dagli studenti con il colore *arancione*.
Si passa poi all'attività sul testo confrontando in seguito le risposte.
Gli studenti possono lavorare sia individualmente che a coppie.
A seconda del livello raggiunto dalla classe e dell'interesse, l'insegnante potrà suggerire una breve discussione per fare emergere i percorsi logici che gli studenti hanno seguito.

Esercizi per il consolidamento e la pratica linguistica
Si tratta di una serie di esercizi volti a far giocare gli studenti con quanto hanno già imparato: *cercaparole, anagrammi*, disegni da colorare, dialoghi da completare.
Dal punto di vista del metodo questi esercizi consentono una vasta gamma di realizzazioni: dal lavoro individuale al lavoro in coppia o a piccoli gruppi.

Importanti, poi, sono anche le griglie da completare, le *tabelle* che invitano gli studenti a raccogliere informazioni tra gli amici, a realizzare piccoli sondaggi, a parlare di se stessi.
Questi esercizi servono anche da base per arrivare, per gradi, a semplici realizzazioni scritte.

Per arrivare ad un **riconoscimento della parola scritta**, *Grandi amici* propone l'utilizzo dello *"scheletro del testo"*, cioè di pannelli visivi che stimolano alla produzione orale con l'uso di lettere iniziali, senza l'utilizzo della parola intera.
Ecco un esempio di scheletro del testo tratto dall'esercizio 9 dell'Unità 6:

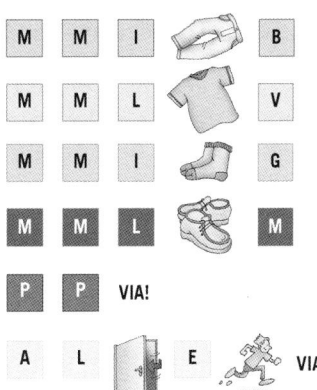

Premessa

All'inizio l'insegnante potrà far familiarizzare la classe con questa modalità di esercizio, costruendolo insieme agli studenti alla lavagna.

Dopo aver fatto ascoltare il testo della cassetta un numero sufficiente di volte, l'insegnante chiederà alla classe di ricostruirlo a voce, e segnerà alla lavagna solo le iniziali delle parole.
Una volta costruito lo *scheletro del testo* alla lavagna insieme agli studenti, l'insegnante farà ripetere il testo coralmente, indicando le iniziali, che diventeranno uno stimolo, un aiuto visivo e un'ancora per la memoria e, nello stesso tempo, eviteranno le interferenze con la parola scritta.

Teatro in classe
In appendice al libro di testo dello studente è stata inserita una piccola commedia musicale: su questa guida vengono riportate anche alcune indicazioni per facilitare il lavoro delle prove.
Va detto però che, in queste situazioni, molto spesso gli studenti hanno delle idee da non sottovalutare.
È compito dell'insegnante ascoltarle e valorizzarle per quanto possibile, così da far sentire la commedia come un'esperienza profondamente significativa.

Civiltà
L'approccio di *Grandi amici* alla civiltà non è stereotipato.
Essa viene presentata attraverso illustrazioni e foto, affinché gli studenti possano confrontare immediatamente la loro quotidianità con quella dei bambini italiani.
Aspetti di civiltà sono quindi presenti in tutte le Unità.

Impostazione multidisciplinare
Le premesse teoriche e la realizzazione pratica rendono la struttura di *Grandi amici* particolarmente adatta a collegamenti multidisciplinari in sede di programmazione.
Data la specificità di ogni organizzazione modulare è difficile, in questa sede, fornire un quadro esauriente di tutti i possibili collegamenti.
A titolo di suggerimento, si vedano le potenzialità di collegamento tra le *Attività di soluzione di problemi* e l'area logico-matematica, tra le *Storie da mimare* e le ore di educazione fisica, tra le *Canzoni* e l'attività di educazione al suono e alla musica.
Cercare collegamenti di questo tipo può essere utile a far accettare l'insegnamento della lingua italiana anche in quei moduli dove ciò non è così scontato.
L'area nella quale l'insegnante di lingua straniera deve ricercare i maggiori punti di contatto non è tanto quella dei singoli esercizi o delle singole unità didattiche, quanto piuttosto quella delle abilità di fondo richieste, delle *intelligenze* e delle modalità di apprendimento che vengono attivate in comune.

Parole, espressioni e *Guarda bene!*
Alla fine del libro di testo si trova una lista di parole ed espressioni che compaiono nel corso delle unità di *Grandi amici*, affiancate da piccoli schemi che racchiudono le regolarità grammaticali più importanti dell'unità, messe in evidenza dalla scritta *Guarda bene!*
Le attività presenti in *Grandi amici* mirano tutte a far sì che gli studenti possano apprendere la lingua italiana in modo efficiente. Durante questo processo gli studenti tendono a memorizzare parole, frasi, spesso interi testi. Con il tempo tuttavia iniziano anche a individuare dei rapporti costanti tra le parole in sé e all'interno della frase, scoprono quelle regolarità, che noi generalmente definiamo **grammatica**.
Gli schemi *Guarda bene!* cercano di attirare l'attenzione dello studente sulle regolarità linguistiche da lui ipotizzate o sperimentate, dandogli quindi uno strumento ulteriore per poter confermare o modificare le sue ipotesi.

Le *Attività di riflessione linguistica* e gli schemi *Guarda bene!* sono un momento di riflessione importante che va però limitato ad un arco di tempo piuttosto ristretto. Il lavoro con le *Storie da mimare*, con le *Canzoni* o i *Rap* e le altre attività di tipo logico intuitivo e comunicative hanno un'assoluta priorità. La fase di riflessione linguistica deve avvenire solo dopo aver ascoltato più volte la storia, dopo averla mimata, dopo aver cantato, ripetuto e letto. Si tenga inoltre presente che se lo studente ha riconosciuto una regola grammaticale, ciò non implica automaticamente la sua corretta

Premessa

applicazione. Se l'insegnante ha già tematizzato un aspetto grammaticale come la concordanza tra il sostantivo e l'aggettivo, è bene metterlo in evidenza tutte le volte che lo si incontra, magari sottolineandolo nel parlare, o con tono diverso della voce o facendo ricorso alla mimica.
Le lezioni di *Grandi amici* rivelano una struttura progressiva ciclica. Il **vocabolario** basilare e alcune strutture grammaticali fondamentali vengono ripetute in alternanza ciclica.
Le parole sono sempre inserite in un contesto comunicativo e quindi associate a situazioni, immagini o testi. In questo modo alla parola sono legate anche informazioni grammaticali di tipo morfologico, sintattico-semantico e pragmatico. Tali informazioni in *Grandi amici* vengono visualizzate negli schemi *Guarda bene!* attraverso l'uso di colori diversi. I nomi e gli articoli femminili sono scritti in rosso, per quelli maschili invece si usa il colore blu. Allo stesso modo viene posta in evidenza la concordanza tra aggettivo e sostantivo, così come vengono marcate le forme al plurale. Gli schemi *Guarda bene!* usano codici di colore per facilitare negli studenti lo sviluppo di una sensibilità verso le regolarità grammaticali. È consigliabile quindi che l'insegnante usi gli stessi codici di colore nelle riflessioni linguistiche in classe.

Le attività di *Grandi amici* hanno lo scopo di coinvolgere gli studenti in situazioni comunicative per loro interessanti, in modo da rendere reale la loro esigenza comunicativa.
In questa loro voglia di esprimersi molti studenti sentono il bisogno di usare espressioni e vocaboli non presenti nel libro. Incentivate sempre simili tentativi, i vocaboli che nascono dal bisogno vengono assimilati molto più facilmente. Mettete a disposizione degli studenti il lessico da loro richiesto, magari raccogliendolo su un lucido o su un cartellone. Lo avrete così a portata di mano per una ulteriore ripetizione.

Apparecchiature tecniche
Se si deve procedere all'acquisto di un nuovo impianto, controllare almeno un dato, il più importante ai fini dell'apprendimento linguistico: che la **risposta in frequenza** sia almeno intorno agli 80-16.000 Hz. Valori più bassi, soprattutto delle frequenze acute, tolgono armonici importanti: *le frequenze acute, infatti, stimolano la creatività e favoriscono la capacità ricettiva del sistema uditivo.*
In ogni caso, è importante tenere pulite le testine del proprio impianto di riproduzione: due o tre pulizie all'anno con l'apposito nastro pulitore assicureranno un suono brillante ed efficace.

Infine, ricordare di non mettere mai il registratore (o le casse acustiche dell'impianto stereo) in un angolo della stanza: questo, infatti, favorisce la diffusione delle frequenze gravi, poco utili e a volte anche dannose per un buon ascolto delle audiocassette.
La pulizia costante delle testine riguarda anche il videoregistratore: un'immagine instabile ed una qualità scadente della riproduzione del suono sono, a volte, la conseguenza di una cattiva manutenzione dell'apparecchio, non di una cassetta mal registrata.

Sillabo volume 1

Unità	Aree tematiche	Funzioni linguistiche	Strutture	Parole e espressioni chiave	Attività e abilità
0	Pronti? Via!	Presentarsi e salutare Chiedere il nome Dire il proprio nome	*Frase interrogativa e frase affermativa* Come ti chiami? Mi chiamo Matteo. E tu? Io sono Monica *Articolo determinativo singolare*	Buongiorno. Ciao. Siete pronti, bambini? Cantiamo insieme. Batti le mani. Braccia in alto. L'ombrello, la torta, la tigre, il mare, il limone, il gelato. Adesso basta. Arrivederci. Ciao	Cantare una canzone Una storia da mimare (capire le istruzioni e mimare i movimenti) Comprensione orale
1	I numeri	Scambiarsi i numeri di telefono Chiedere i numeri Rispondere affermativamente o negativamente	*Aggettivi possessivi, c'è, ci sono:* Qual è il tuo numero di telefono? Il mio numero di telefono è ... Che cosa c'è ? Ci sono le lumache	Numeri 1 - 10, Scatola, indovina il numero, vinci un premio, le lumache, ecco il tuo premio, grazie, prego, tocca a te, si, no, quanti sono?	Cantare una canzone e ripetere un rap Contare Comprensione orale Comprendere il significato di una storia Annotarsi i numeri di telefono
2	I colori	Descrivere il colore degli oggetti Dire il colore preferito	*Frasi interrogative*: Qual è il tuo colore preferito? *Coniugazione dei verbi*: Mi chiamo... Sono italiano/a Questa è...	Viola, rosa, rosso, giallo, blu, nero, bianco, verde, arancione, arcobaleno, apri la porta, buonanotte	Comprensione orale Ripetere un rap Scrivere un dialogo Giocare a indovinare
3	A scuola	Descrivere gli oggetti in base al colore e alla quantità	*Accordo aggettivo e sostantivo* La gomma gialla, il righello rosso. *Frasi interrogative*: Dov'è...? Quante matite...? Quanti righelli...? *Plurale dei sostantivi*: righelli, matite, penne, gomme, astucci, libri	Lezione, libro, matita, zaino, righello, astuccio, penna, gomma, corda per saltare, albero	Comprensione orale Comprendere il significato di una storia Eseguire le istruzioni Una storia da mimare
4	Gli animali preferiti	Fare domande e rispondere Dare informazioni personali e chiederle	*Frasi interrogative*: Hai un...? Qual è il tuo...? Che animale è? Io ho ... *Articoli indeterminativi*: un, un', una *Forme plurali*: cani, pesci, topolini, rane, tartarughe, conigli	Vola come un pappagallo, salta come un coniglio, nuota come un pesce, mangia come un criceto, sta seduto come un cane, ruggisci come una tigre	Ripetere un rap Ascoltare e scrivere Raccogliere informazioni sugli animaletti Risolvere un problema Una storia da mimare
	Revisione - Unità di verifica 1				
5	I giorni della settimana	Parlare delle proprie attività giornaliere	*Indicazioni di tempo*: Il lunedì..., In febbraio *Articolo indeterminativo e accordo dell'aggettivo* Dipingo un pappagallo rosso	Lunedì - domenica, apri, aprite, io odio..., vieni con me, dipingo, il giorno preferito	Comprensione orale Ripetere un rap Cantare una canzone Risolvere un problema Scrivere delle frasi

Sillabo volume 1

Unità	Aree tematiche	Funzioni linguistiche	Strutture	Parole e espressioni chiave	Attività e abilità
6	I vestiti	Descrivere l'abbigliamento	*Verbi riflessivi all'imperativo (tu)*: Alzati, mettiti la maglietta *Accordo sostantivo e aggettivo al plurale*: i calzini marroni, le scarpe nere	Maglietta, jeans, cappello, vestito, calzini, maglione, scarpe, camicia, gonna, pantaloni corti, mi metto	Una storia da mimare Comprensione orale Comprensione scritta Descrivere una persona Fare il gioco dell'anagramma
7	Buon compleanno!	Scambiare informazioni sul compleanno	*Verbi alla 1° persona plurale*: battiamo, suoniamo, cantiamo, entriamo... *Aggettivi possessivi sing. e plur.*: la mia festa, i miei biglietti di auguri	Gennaio - dicembre, in gennaio, tanti auguri, battiamo le mani, suoniamo i tamburi, cantiamo insieme	Ripetere un rap Comprensione orale Capire una storia Scrivere
Revisione - Unità di verifica 2					
8	Gli stati d'animo	Decrivere lo stato d'animo	*Accordo articolo determinativo, sostantivo e aggettivo*: Hai il topo stanco? *Risposta negativa con il verbo avere*: No, non ce l'ho	Triste, allegro, arrabbiato, stanco, spaventato, numeri 11 - 20, piange, ride, mi dispiace	Contare fino a 20 Ascoltare e interpretare lo stato d'animo della persona Ritagliare le carte Disegnare le espressioni del viso fare un gioco di carte Comprensione orale Fare il gioco dell'oca
9	I cibi preferiti	Parlare dei propri gusti nel mangiare	Ti piace? Ti piacciono? Mi piace, mi piacciono *Negazione*: Non mi piace la pizza, …niente; non mi piacciono le mele, i gelati	Pizza, popcorn, pollo, mela, gelato, banana, pesce, patatine fritte, formaggio, cioccolata, succo di frutta, aranciata, latte, lattina, il mio piatto preferito, la mia bevanda preferita	Risolvere un problema Una storia da mimare Raccogliere informazioni sui piatti e le bevande preferite Comprensione orale Disegnare Comprensione scritta Scrivere
10	Il corpo	Descrivere l'aspetto di una persona Chiedere a una persona la sua opinione personale	*Plurale sostantivi e aggettivi. Accordo*: Ha gli occhi piccoli e le orecchie grandi *Coniugazione presente dei verbi avere e essere*	Capelli, orecchie, gambe, piedi, naso, braccia, faccia, bocca, denti, occhi, piccolo, grande, mi piace di più… e a te?	Comprensione orale Comprensione scritta Eseguire un gioco Ritagliare e incollare Raccogliere informazioni sul Carnevale
Revisione - Unità di verifica 3					

Unità introduttiva
Pronti? Via!

In questa unità gli studenti impareranno a capire:
In piedi. Braccia in alto.
Schiena contro schiena.
Naso contro naso. Sottobraccio.
Batti le mani.
Sono Anna, la maestra di italiano.
Imparare l'italiano è un gioco.
Basta poco.
Siete pronti, bambini?
Cantiamo insieme
La pizza, l'ombrello, la tigre, il cappello, la torta, il gelato, il cioccolato, il mare, il limone, l'elefante, la radio, la pasta.
Mamma mia!
Adesso basta!

In questa unità gli studenti impareranno ad utilizzare:
Buongiorno! Ciao. Arrivederci.
Come ti chiami? Mi chiamo (Matteo), e tu?
Io sono Monica

Attività ed abilità operative:
Capire il significato delle parole dell'insegnante.
Usare frasi interattive in classe.
Salutarsi.
Chiedere il nome di qualcuno.
Presentarsi.
Cantare una canzone.
Colorare le cornici dei disegni secondo il significato delle parole.
Capire le istruzioni e mimare i movimenti.
Ascoltare l'audiocassetta e mettere i numeri giusti.

 Parla italiano - presentazione.

L'insegnante saluta la propria classe in italiano e si presenta dicendo:
Buongiorno, bambini. Mi chiamo (Anna).

Nelle primissime lezioni, la mimica facciale, il tono di voce e il linguaggio non verbale dell'insegnante giocano un ruolo determinante. L'espressione *mi chiamo...* sostenuta da una mimica adeguata diventa una comunicazione immediata; in caso contrario diviene una prima piccola ma reale barriera tra l'insegnante e lo studente.

Inoltre, l'uso appropriato, anche un po' accentuato, del linguaggio non verbale nel suo insieme, contribuisce da subito a dare agli studenti un'immagine "positiva" dell'insegnante di italiano: è un insegnante che sa farsi capire, che aiuta a capire.

L'insegnante chiede ad un volontario di avvicinarsi e gli chiede il nome. Se occorre, suggerisce sussurrando: *mi chiamo...* Può anche, eventualmente, mettersi dietro la schiena dello studente e, imitando la sua voce, rispondere al posto suo, mentre questo dovrà solo muovere la bocca.

Pone poi la stessa domanda ad un altro bambino, aiutandolo, se ne ha bisogno, suggerendogli la forma *mi chiamo...*
L'insegnante continua quindi nel porre la domanda agli altri bambini, premettendo successivamente la forma accentuata *e tu (come ti chiami)?*
Dopo aver lasciato rispondere una decina di bambini, l'insegnante suggerisce un'altra possibile risposta: *io sono (Monica).*
Gli studenti seguenti a cui sarà chiesto di presentarsi potranno scegliere liberamente la forma con cui rispondere. L'insegnante aiuta chi ne ha bisogno.

Fare in modo che si tratti di una vera e propria presentazione, per cui se un nome piace particolarmente si potrebbe aggiungere *"Oh che bel nome!"*, se il nome del bambino è uguale a quello dell'insegnante, sarebbe opportuno aggiungere, *"Ah, come me!, o anch'io mi chiamo (Mario)"*

Fare dei piccoli commenti in italiano rafforza nel bambino la sensazione di poter già partecipare a una comunicazione significativa in lingua straniera.

 Parla italiano.

A questo punto si può passare al lavoro sul testo.
L'insegnante chiede agli studenti di osservare le quattro fotografie dell'esercizio 1. Dopo un breve commento, si passa ad ascoltare la cassetta, non prima però, di aver ripassato insieme quanto già appreso nella fase precedente.
Più che sul testo scritto, l'insegnante

concentrerà l'attenzione degli studenti sull'intonazione delle voci e sulle espressioni dei volti. È bene seguire da subito le indicazioni fornite nella premessa sotto la voce **Dialoghi e storie**.

Dopo l'ascolto, gli studenti sono invitati a drammatizzare in classe le situazioni illustrate nelle 4 fotografie. Un volontario interpreterà il ruolo dell'insegnante, mentre i compagni interpreteranno i ruoli degli studenti in modo corale.

**Ascolta e canta la canzone.
Poi colora le cornici.**

Per la metodologia, fare riferimento alla premessa, nella sezione **Canzoni, Filastrocche, Rime e Rap**.

Gli studenti ascoltano la canzone con il libro chiuso. Dopo il primo ascolto, l'insegnante chiede loro se ricordano, anche vagamente, l'aria o la melodia; eventualmente chiede, poi, se qualcuno ricorda anche qualche parola. Incoraggiare le risposte: all'inizio del processo di apprendimento, questa è una attività piuttosto complessa.
Proporre un secondo ascolto a libro chiuso, ma questa volta invitare gli studenti a cantare insieme alla cassetta, se lo vogliono. Solo ora, e non prima, chiedere loro di aprire il libro e di visualizzare il testo della canzone.

Infine gli studenti svolgono l'esercizio sul libro e colorano le cornici dei disegni con il colore con cui è scritta ogni parola.

Può essere utile, a questo punto, verificare se gli studenti conoscono altre parole italiane, sia quelle legate alla gastronomia, che altre, rese comuni da slogan pubblicitari o simili. È una buona idea raccogliere queste parole in un cartellone e appenderlo ad una parete: sarà un continuo rinforzo visivo.

**Una storia da mimare.
Muoviti come Tobi.
Ascolta e metti i numeri.**

L'insegnante mima la *storia da mimare* presentata da *Tobi la tigre*, utilizzando, dove possibile, il video di cui il testo è corredato. Per la metodologia tenere presenti le indicazioni fornite nelle sezioni **Videocassetta** e **Storie da mimare** della premessa.

Chiedere agli studenti di disporsi in cerchio (per ragioni di spazio può essere utile, in alternativa, chiedere di stare ognuno di fianco al proprio banco).
Gli studenti tengono il libro chiuso.
L'insegnante dice la prima frase *in piedi* e la mima. Chiede poi agli studenti di ripetere gli stessi gesti, di mimare immediatamente la stessa azione.
E così si procede con *braccia in alto, schiena contro schiena, naso contro naso, sottobraccio, batti le mani*, utilizzando al massimo la propria capacità mimica e gestuale.

Quando gli studenti sono in grado di comprendere e ripetere i gesti con una certa autonomia, l'insegnante enuncia le azioni nell'ordine, senza però mimarle.
In questo modo, gli studenti saranno in grado di far corrispondere un'azione alla semplice decodifica del messaggio uditivo.
Nella fase ulteriore gli studenti mimeranno le azioni enunciate in ordine sparso.
Il ruolo dell'insegnante sarà quello di sostenere con un adeguato apprezzamento gli studenti più attivi ed incoraggiare in maniera positiva coloro che hanno bisogno di qualche correzione.

Ecco un altro esercizio, sempre basato sulle immagini di pagina 5: l'insegnante enuncia le azioni in ordine sparso e chiede agli studenti di indicare l'immagine corrispondente.

Testo audio:
*Ciao, mi chiamo Tobi, la tigre.
Ascolta e ripeti i movimenti.
Guarda! Fai come me.
Sei pronto? Via!*

*In piedi
Braccia in alto
Schiena contro schiena
Naso contro naso
Sottobraccio
Batti le mani
E ora tocca a te. Ripeti i movimenti. Via!
In piedi
Braccia in alto*

Schiena contro schiena
Naso contro naso
Sottobraccio
Batti le mani

Attenzione: ora cambio l'ordine.

Batti le mani
Naso contro naso
In piedi
Sottobraccio
Schiena contro schiena
Braccia in alto

Ora apri il libro. Prendi una matita.
Ascolta e metti i numeri. Fai attenzione.

Numero 1: batti le mani
Numero 2: naso contro naso
Numero 3: in piedi
Numero 4: sottobraccio
Numero 5: schiena contro schiena
Numero 6: braccia in alto

Al termine della lezione l'insegnante saluta gli studenti dicendo *Arrivederci!*

Unità 1 — I numeri

In questa unità gli studenti impareranno a capire:
Che cosa c'è nella scatola?
Indovina il numero esatto
Vinci un premio!
Ci sono le lumache.
Quante sono?
Elena, ecco il tuo premio!
Grazie.
Brava!

In questa unità gli studenti impareranno ad utilizzare:
Numeri da 0 a 10.
Qual è il tuo numero di telefono?
Quanti sono?
Sì. No.
Dieci con me e adesso tocca a te.
Tocca a te, Paolo.
Canta anche tu. Salta anche tu.
Fai come Tobi, salta su e giù.

Attività ed abilità operative:
Cantare una canzone.
Ripetere un rap.
Collegare dei numeri a una parola.
Ascoltare una conversazione e collegare il nome dei bambini con il numero comparso sui dadi.
Comprendere il significato di una storia.
Ripetere una rima.
Giocare con i numeri.
Ascoltare e scrivere i numeri di telefono e dire quali sono.
Chiedere ad altri bambini i loro numeri di telefono e scriverli.

 Ascolta e canta.
Il rock dei numeri - presentazione.

Prima di tutto introdurre i numeri da 1 a 10 con l'aiuto di oggetti reali.
In alternativa l'insegnante può disegnare delle flashcard o, meglio ancora, chiedere in anticipo a qualche studente di realizzarle.
Come già sottolineato nella premessa, vi sono certi studenti con un particolare dono per il disegno: chiedere loro di collaborare significa non solo guadagnare tempo, ma soprattutto coinvolgerli in una maniera a loro gradita.
Mostrare un oggetto, presentare la parola *uno* ed invitare i volontari a ripeterla.
Procedere così per gli altri numeri.
Lasciare agli studenti la libertà di ripetere significa non forzare il loro apprendimento. Chi non accetta di ripetere da subito, non necessariamente non ha interiorizzato il vocabolo presentato; potrebbe trattarsi di semplice timidezza.
Vi sono studenti che non parlano fino a che non si sentono del tutto sicuri: è importante non bruciare le tappe e rispettare i tempi di apprendimento dei singoli studenti.

 Ascolta e canta.
Il rock dei numeri.

Gli studenti ascoltano attentamente la cassetta.
Vedi anche qui quanto suggerito nella premessa nella sezione **Canzoni, Filastrocche, Rime e Rap**.
Dopo due o tre ascolti, chi vuole può unirsi al canto, a libro chiuso.
Gli studenti ascoltano di nuovo la canzone, stavolta con il libro aperto, e, al termine, la ripetono.
In qualche classe ci saranno certamente alcuni studenti che chiederanno di ballare: lasciate che lo facciano.

 Ascolta e ripeti il rap.

L'insegnante dà alla classe una dimostrazione pratica del significato di saltare.
Dire poi *salta anche tu. Fai come Tobi*, mostrando (con linguaggio mimico accentuato) che cosa si intenda per *salta su e giù*.

 Osserva e colora i numeri.

Utilizzando le flashcard disegnate da qualche studente o dall'insegnante stesso, presentare lo spelling dei numeri.
In alternativa si possono usare oggetti reali, scrivendo le parole *uno, due, tre...* alla lavagna.
In questo caso, l'insegnante avrà cura di cancellare le parole quasi subito: agli studenti si chiede una visualizzazione d'insieme, non la memorizzazione della scrittura; in questo modo non si creano interferenze tra pronuncia orale e grafia del testo scritto. Procedere così fino a *dieci*.

Al termine, gli studenti aprono il libro e colorano ogni cifra secondo il colore della parola corrispondente.

 Ascolta e collega i nomi con i numeri.

L'insegnante dice ad alta voce i nomi dei quattro personaggi *Samuele, Anna, Marco, Lucia*. Poi chiede agli studenti di ripeterli. Subito dopo fa ascoltare la cassetta, fino alla fine del primo dialogo e chiede *Come si chiama il bambino?*
Quando il nome (*Samuele*) è ormai chiaro a tutti, fa riascoltare il dialogo, dicendo che, questa volta, bisogna capire quale sia il dado corrispondente a *Samuele*.
Gli studenti dovranno poi collegare il nome di *Samuele* con il relativo dado.
Procedere allo stesso modo per gli altri bambini (*Lucia, Marco, Anna*).

Testo audio:
Voce: Tocca a te, Samuele.
Samuele: Va bene.
Samuele: Sei e tre

Voce: Tocca a te, Lucia.
Lucia: Va bene.
Lucia: Quattro e cinque

Voce: Tocca a te, Marco.
Marco: Va bene.
Marco: Quattro e uno

Voce: Tocca a te, Anna.
Anna: Va bene.
Anna: Cinque e due

 Gioca anche tu.

Partendo dal modello fornito dall'audiocassetta, l'insegnante invita gli studenti a svolgere il gioco a coppie o in gruppo.

 Una storia. Le lumache

Come introduzione alla storia, l'insegnante propone questo gioco: prende dagli astucci degli studenti alcuni pastelli, o altri oggetti dal banco, magari i piccoli giocattoli che a volte gli studenti portano a scuola (per certi studenti, vedere che i loro piccoli giocattoli vengono utilizzati durante la lezione è un evento molto significativo).
Dopo averne presi almeno quattro o cinque, li mostra per qualche secondo alla classe, poi li mette dietro la schiena e chiede *Quanti sono...?*, suggerendo di indovinarne il numero.
Quando uno studente indovina (o quando ogni studente ha dato la propria risposta), l'insegnante mostra gli oggetti agli studenti e li conta insieme a loro, lentamente.
Si ripete il gioco alcune volte, ma si smette quando la voglia di giocare (l'attenzione) è ancora alta.
Se infatti si interrompe il gioco quando gli studenti sono stanchi o annoiati, si perde l'effetto di *riscaldamento*.

Proporre poi una piccola discussione sul fatto che, a volte, certi ragazzi mettono alla prova il coraggio dei propri coetanei.
Dire loro che la storia che stanno per ascoltare sarà incentrata proprio su questo tema, e che a loro poi verrà chiesto come si sarebbero comportati in una simile occasione.
Prima di passare all'ascolto della storia, attraverso le tecniche tipiche del TPR (vedi premessa), introdurre le seguenti parole: *premio, scatola, lumache*.

Presentare poi la storia attraverso l'audiocassetta.
Dopo due o tre ascolti a libro chiuso, gli studenti apriranno il libro e, dopo aver dato una rapida occhiata alle immagini, ascolteranno i dialoghi attraverso la cassetta e, contemporaneamente, seguiranno quelli scritti sul testo.
Lo scopo di questo esercizio non è tanto che gli studenti comprendano ogni singola parola, ma che si rendano conto del significato globale della storia attraverso le immagini (il contesto) e l'intonazione dei dialoghi.
Non si chiederà loro di riutilizzare autonomamente ogni espressione del testo, anche se, probabilmente, qualche studente sarà già in grado di farlo. In questo caso sarà possibile drammatizzare la storia in classe.
Tutto ciò che occorre è una scatola: l'immaginazione e la fantasia degli studenti faranno il resto. Per rompere il ghiaccio, l'insegnante può recitare la parte più complessa, quella di Michele. Si avvicina ad uno studente, gli dice *Indovina il numero!*, e

fa in modo che lo studente dica, magari dietro suggerimento suo o di un compagno *Cosa c'è nella scatola?*, a questa domanda risponde *le lumache!*, e così fino alla fine della storia.
Gradualmente uno studente può prendere il posto dell'insegnante.
Attenzione: se qualche studente commette degli errori durante questo gioco di ruolo, non interromperlo; molto meglio effettuare le correzioni con tutta classe a fine attività.
Riprendere poi la discussione con tutta la classe sulla storia appena letta: *voi come vi sareste comportati?*

 Ascolta e ripeti la rima.

Gli studenti si dispongono in cerchio, e ascoltano la cassetta in cui il presentatore presenta una *conta*.
Dopo due o tre ascolti, l'insegnante chiede ad un volontario di ripetere la filastrocca insieme alla cassetta, mentre i compagni la mimano.
Propone poi di nuovo la rima due o tre volte con il libro aperto e chiede ad un gruppo di 6-7 bambini di metterla in pratica per vedere chi sta fuori.
Questa semplice attività potrà essere effettuata prima di ogni gioco di squadra che si svolga in classe.

 Gioca a indovinare.

L'insegnante chiama uno studente e con lui dimostra concretamente il primo gioco, così come si vede nelle prime due foto.
Chiede poi alla classe di giocare a coppie e procedere in questo modo anche per il secondo gioco.
Eventualmente, per la formazione delle coppie si può ricorrere alla rima della fase precedente.

 Ascolta e scrivi i numeri di telefono.

Disegnare un grande telefono alla lavagna, in alternativa chiedere ad uno studente di disegnarlo, mostrare un'immagine presa da una rivista, oppure portare a scuola un vecchio telefono. Introdurre la parola *telefono*, subito seguita dalla frase: *il mio numero di telefono è...*
Avvertire gli studenti che stanno per

ascoltare alcune interviste registrate, dalle quali dovranno scoprire i numeri di telefono di diversi bambini. Far notare che in Italia il prefisso fa parte del numero telefonico e bisogna quindi sempre digitarlo, anche se la chiamata è urbana.
Prima di far ascoltare la cassetta, leggere ad alta voce i nomi dei bambini (*Alice, Paolo, Monica*) e chiedere agli studenti di ripeterli. Poi passare all'ascolto della cassetta.
Probabilmente, affinché tutti gli studenti riescano a svolgere bene l'esercizio saranno necessari due o tre ascolti.

Testo audio:
Voce:	*Alice, qual è il tuo numero di telefono?*
Alice:	*Mhm... 02.52 16 89.*
Voce:	*Paolo, qual è il tuo numero di telefono?*
Paolo:	*Fammi pensare: 06. 26 97 43.*
Voce:	*E il tuo numero di telefono, Monica, qual è?*
Monica:	*Il mio numero è 051. 37 48 27.*

 Scrivi il tuo numero di telefono.

Gli studenti scrivono il loro numero telefonico, o, se non hanno il telefono, scrivono un numero immaginario.

 Domanda a cinque compagni.

Prima di far completare la griglia sul libro, è bene proporre alcuni esempi alla lavagna, abituando gli studenti a porre essi stessi la domanda ai compagni: *Qual è il tuo numero di telefono?*
Fare poi in modo che si domandino i rispettivi numeri telefonici, scrivendo nella griglia il nome del compagno e il rispettivo numero telefonico. Se lo spazio lo permette, è bene che gli studenti possano muoversi nell'aula e fare una vera "intervista".

Unità 2 I colori

In questa unità gli studenti impareranno a capire:
Di che colore è (la casa del mago)?
Sono (canadese).
Questa è la mia bandiera.
Aiuto!
Apri la porta!
Buonanotte. Buongiorno.
Che cos'è? Mamma mia!
Mi piace (il verde) e mi piace tanto anche (l'arancione)!
Oh, che bell'arcobaleno!

In questa unità gli studenti impareranno ad utilizzare:
Colori: bianco, nero, rosso, verde, giallo, blu, rosa, viola, arancione.
(Il verde), per favore. Eccolo.
Qual è il mio colore preferito? È il (blu)?
Adesso dillo tu!
Qual è il tuo colore preferito?

Attività e abilità operative:
Ascoltare le parole e indicare i disegni corrispondenti.
Cantare una canzone.
Scoprire con un testo di ascolto di che colore è la casa del mago.
Leggere la legenda dei colori e colorare le bandiere corrispondenti.
Giocare a indovinare l'informazione mancante.
Completare dialoghi scritti.
Ascoltare un rap e cerchiare le macchie di colore.
Ripetere un rap.

 Ascolta e indica i colori - presentazione.

Introdurre i seguenti colori: *bianco, nero, rosso, verde, giallo, blu, rosa, viola* e *arancione*.
Presentare agli studenti i primi cinque colori con l'aiuto di oggetti colorati che si trovano in classe. In alternativa l'insegnante può mostrare ritagli di giornale o flashcard preparate eventualmente da qualche studente. L'insegnante mostra un colore e ne pronuncia il nome diverse volte, chiedendo agli studenti di ripeterlo.
In un secondo momento, ripete l'esercizio chiedendo agli studenti di ascoltare e ripetere ad occhi chiusi, cercando di immaginare visivamente il colore pronunciato o un oggetto del medesimo colore.
Di seguito, l'insegnante nomina un colore e chiede ad uno studente di toccare qualcosa del colore corrispondente.
Si può rendere questo esercizio un vero e proprio gioco ad eliminazione, chiedendo a chi tocca per ultimo il colore nominato di uscire momentaneamente dal gioco, mentre chi tocca per primo gli oggetti dai colori nominati, vince.
Chiedere poi a qualche studente di prendere il ruolo dell'insegnante.
Procedere allo stesso modo con i quattro colori restanti.

 Ascolta e indica i colori.

Gli studenti aprono il proprio libro di testo a pagina 12. Mentre ascoltano la cassetta, indicano il colore corrispondente.
Al termine ascoltano di nuovo la cassetta ad occhi chiusi e visualizzano i colori a livello immaginativo.

Testo audio:
arancione
bianco
blu
giallo
nero
rosa
rosso
verde
viola

 Ascolta e canta.

L'insegnante, mostrando un colore o facendo riferimento ad un capo di abbigliamento che indossa, inserisce l'espressione *mi piace (il rosso), mi piace (il verde), non mi piace (il nero)*.
La mimica facciale è in questo caso di grande aiuto. Si può continuare chiedendo agli studenti quale colore piace loro, aggiungendo come semplice frase *e a te (quale colore piace)?*
Una risposta del tipo *verde* o *giallo* soddisfa pienamente la comunicazione.
L'insegnante mostra poi alla classe

l'immagine di un arcobaleno (può disegnarlo, farlo disegnare, ritagliarlo da qualche rivista...) e introduce la parola *arcobaleno*, che gli studenti ascoltano e ripetono. Poi presenta la canzone secondo le indicazioni suggerite nella premessa.

 **Ascolta.
Di che colore è la casa del mago?**

Comunicare agli studenti che dovranno scoprire di che colore è la casa del mago *(Di che colore è la casa del mago?)* attraverso un percorso.
Chiedere loro di indicare la parola *partenza* ed eventualmente spiegarne il significato. Da qui, proporre un esempio dicendo *bianco* e chiedere che tocchino la casella bianca; proseguire con *blu* e chiedere che si spostino dal bianco al blu.
Allo stesso modo, passare poi dal *blu al nero*, dal *nero all'arancione*, dall'*arancione al verde* e dal *verde al giallo*.
Poi chiedere: *Di che colore è la casa del mago? (Verde)*.

A questo punto, terminato l'esempio, procedere con l'ascolto della cassetta.
Dopo un ascolto che serve da *riscaldamento*, proporre un secondo ascolto durante il quale gli studenti, con l'aiuto della matita o di un pastello colorato, dovranno seguire il percorso dettato dal presentatore.

Testo audio:
*giallo
rosso
verde
viola
arancione
rosa
Di che colore è la casa del mago? (2 volte)*

Soluzione*: blu.*

In un momento successivo, si può chiedere ad un volontario di dettare ai compagni un percorso alternativo per arrivare alla casa di un altro mago.
In questo caso i compagni dovranno usare un pastello colorato diverso da quello usato in precedenza.

 **Bambini di tutto il mondo.
Colora le loro bandiere.**

L'insegnante legge il testo nei quattro balloon e chiede agli studenti di colorare le bandiere.
Con l'aiuto di una carta geografica, è utile far vedere dove si trovano i Paesi nominati: *Italia, Inghilterra, Canada, Brasile*.
Proporre eventualmente un gioco a coppie: uno studente disegna una bandiera (reale o di fantasia) e, utilizzando *una sua legenda di colori*, chiede ad un compagno di colorarla. Se si è optato per la bandiera di uno Stato esistente, cercarlo insieme su una carta geografica o su un mappamondo.

 Una storia. I maghi

Prima di proporre l'ascolto della storia a fumetti, l'insegnante gira per la classe chiedendo a diversi studenti *il blu, (il verde, il rosso, l'arancione...), per favore!* mentre gli studenti devono consegnare un oggetto del colore richiesto.
Lo stesso esercizio viene fatto fare agli studenti a coppie.
Al termine di questa attività di *riscaldamento*, proporre l'ascolto della cassetta, seguendo le indicazioni suggerite nella premessa. In seguito, gli studenti possono drammatizzare la storia.

Ecco qualche suggerimento per una scenografia elementare: due cappelli per i maghi, la voce di qualche studente per imitare il suono dell'acqua che bolle e dell'esplosione, bottiglie colorate fatte con la carta, due sedie che simulano i letti, il disegno di un fiore enorme alla lavagna o su un poster. Il disegno può essere coperto da un foglio di carta: alla fine della storia basterà rimuovere ciò che copre il disegno per avere l'effetto sorpresa.

 Gioca a indovinare.

Chiedere ad uno studente di toccare una parte del pesce colorato.
L'insegnante, che non vede il colore che lo studente sta toccando, prova ad indovinare, per tentativi, nominando diversi colori. Quando gli studenti hanno compreso il meccanismo del gioco, possono farlo a coppie, scambiandosi poi i ruoli.

Completa i dialoghi.

Gli studenti guardano attentamente le quattro scenette e completano i dialoghi a seconda della lettura delle immagini.

Ascolta il rap e cerchia i colori. Poi scrivi le parole.

Gli studenti ascoltano il *rap* una prima volta integralmente. Poi si procede ad un secondo ascolto, ma stavolta la cassetta viene fermata dopo ogni domanda per dare il tempo agli studenti di cerchiare il colore nominato. Un terzo ed ultimo ascolto servirà da verifica individuale.
L'insegnante verifica poi la comprensione e chiede quali sono i colori cerchiati; gli studenti nominano i colori, nell'ordine, e l'insegnante ne trascrive i nomi alla lavagna.

Gli studenti copiano i nomi, e alla fine ripetono il *rap* divisi in due gruppi.

Testo audio:
Qual è il mio colore preferito?

È il rosso?
No, no, no.

È il giallo?
No, no, no.

È il rosa?
No, no, no.

È il bianco?
No, no, no.

È il blu?
Sì, e adesso dillo tu!

Unità 3 — A scuola

In questa unità gli studenti impareranno a capire:
Di che colore è lo zaino (del mago)?
Apri il tuo (zaino). Prendi (il righello).
Prendi (due libri).
Che cos'è? Una corda per saltare.
Evviva!
Quante matite (rosse) ci sono?
Quanti righelli (arancioni) ci sono?
Stai fermo.
Mi aiuti, per favore?

In questa unità gli studenti impareranno ad utilizzare:
L'astuccio, la gomma, il libro, la matita, il righello, la penna, lo zaino.
La gomma gialla e verde.
Il righello giallo e verde.

Attività ed abilità operative:
Ascoltare le parole dell'audiocassetta e mettere i numeri giusti nel libro.
Ascoltare l'audiocassetta e scoprire di che colore è lo zaino del mago.
Capire le istruzioni e ripetere i movimenti.
Ascoltare l'audiocassetta e fare una sequenza giusta.
Cercare la quantità di oggetti usati a scuola in un disegno disordinato.
Ricordare il nome di questi oggetti.
Leggere una rima, capirla e quindi colorare gli oggetti corrispondenti.
Capire il significato delle espressioni usate in una storia.

1a Ascolta e metti i numeri - presentazione.

Come sempre, prima di passare all'esercizio sul testo, l'insegnante introduce i vocaboli che verranno presentati con l'aiuto di oggetti reali o di flashcard preparate in precedenza da qualche studente o dall'insegnante stesso, (vedi premessa).
Chiede poi agli studenti di disporre tutti gli oggetti sul proprio banco, ad eccezione del proprio *zaino*, e subito propone: *tocca il (libro)*. Gli studenti toccano ogni volta l'oggetto nominato.
L'insegnante gratifica i più veloci e incoraggia chi ha più difficoltà.
Chiede poi ad uno studente di guidare il gioco.

1b Ascolta e metti i numeri.

Gli studenti aprono il libro a pagina 18.
L'insegnante legge le parole, prima nell'ordine presentato, poi in ordine sparso, chiedendo agli studenti di indicare l'immagine della parola pronunciata.
Al termine gli studenti ascoltano la cassetta: prima senza interruzioni, per un ascolto generale (già qui qualche studente svolgerà autonomamente l'esercizio), poi, di nuovo senza interruzioni, svolgendo l'esercizio durante l'ascolto.
Infine si effettua un ascolto di verifica interrompendo la cassetta dopo ogni parola.
Per concludere, l'insegnante nomina l'oggetto e gli studenti rispondono con il numero corrispondente.

Testo audio:
Voce:
Numero 1: la matita.
Numero 2: il righello.
Numero 3: la penna.
Numero 4: il libro.
Numero 5: la gomma.
Numero 6: l'astuccio.
Numero 7: lo zaino.

2 Ascolta. Di che colore è lo zaino del mago?

Esercizio simile a quello proposto nell'Unità 2, esercizio 3. Dite agli studenti che dovranno scoprire di che colore è lo zaino del mago. Prima di passare all'ascolto della cassetta, procedete con un esempio.
Gli studenti indicano la parola *partenza*, l'insegnante dice *blu* e gli studenti indicano la casella del colore corrispondente.
Da qui, l'insegnante dice *il righello* e gli studenti toccano il righello.
Procedete così da *il righello* a *giallo* da *giallo* a *la matita* da *la matita* a *blu*, da *blu* a *la gomma*.
A questo punto domandate: *Di che colore è lo zaino del mago? (Blu)*.

Dopo l'esempio, gli studenti sono invitati a seguire il percorso proposto dalla cassetta con l'aiuto di una matita o di un pastello colorato.

Fate ascoltare la cassetta due o tre volte.

Testo audio:
*Di che colore è lo zaino del mago?
verde
la penna
nero
il libro
blu
il righello
Di che colore è lo zaino del mago? (2 volte)*

Soluzione: *giallo.*

**Una storia da mimare.
Muoviti come Tobi.
Ascolta e metti i numeri.**

Prima di lavorare sulla *storia da mimare*, mostrate agli studenti una corda per saltare ed insegnate il vocabolo.
Proponete poi la *storia da mimare* secondo il modello presentato nella premessa.

Testo audio:
*Voce:
Ciao. Ascolta e ripeti i movimenti.
Guarda! Fai come me.
Sei pronto? Via!*

*Apri lo zaino
Prendi il righello
Prendi due libri
Prendi tre penne
Prendi quattro matite
Che cos'è? Una corda per saltare
Uno, due, tre.
Evviva!*

E ora tocca a te. Ripeti i movimenti. Via!

*Apri lo zaino
Prendi il righello
Prendi due libri
Prendi tre penne
Prendi quattro matite
Che cos'è? Una corda per saltare
Uno, due, tre.
Evviva!*

Attenzione: ora cambio l'ordine.

*Prendi quattro matite
Apri lo zaino
Prendi il righello*

*Evviva!
Prendi tre penne
Uno, due tre
Prendi due libri
Che cos'è? Una corda per saltare*

*Ora apri il libro. Prendi una matita.
Ascolta e metti i numeri. Fai attenzione.*

*Voce:
Numero 1: prendi quattro matite
Numero 2: apri lo zaino
Numero 3: prendi il righello
Numero 4: Evviva!
Numero 5: prendi tre penne
Numero 6: uno, due, tre
Numero 7: prendi due libri
Numero 8: Che cos'è? Una corda per saltare*

**Prepara lo zaino del mago.
Leggi, ripeti ad alta voce.
Poi colora.**

Per introdurre questa attività l'insegnante deve prima spiegare il significato della parola *lezione*, scrivendo alla lavagna l'orario solito in cui i bambini hanno *la lezione d'italiano*. Aggiunge poi che anche il mago oggi vuole partecipare alla lezione d'italiano e prepara il suo zaino.
Poi l'insegnante recita la rima, mentre i bambini ascoltano.
Ora ogni singolo studente viene pregato di aprire il libro, di leggere ad alta voce la rima e quindi di colorare gli oggetti.

 Unisci i colori con la parola giusta.

Essendo questo un esercizio di riflessione grammaticale gli studenti vanno accompagnati affinché sviluppino l'abilità induttiva. Con l'aiuto di flashcard prodotte all'occasione, l'insegnante mostra una gomma verde e dice: *una gomma verde*, quindi ne mostra una rossa, poi una gialla, poi una blu accompagnando l'immagine sempre con il parlato. La stessa procedura viene seguita con il righello.
In una seconda fase l'insegnante mostra una gomma gialla e chiede: *Di che colore è la gomma?* Se la risposta è *gialla*, l'insegnante si congratula con lo studente: *bravo, è gialla!* Se la risposta è: *giallo*, l'insegnante annuisce confermando: *Sí, è gialla*, sottolineando la a finale con una mimica

facciale e con il cambiamento del tono di voce.
Dopo questa fase di *riscaldamento*, gli studenti sono pregati di eseguire l'esercizio. Nelle parole dell'esercizio le vocali finali sono state già evidenziate secondo il codice di colori che i bambini conoscono.
È un aiuto visivo per sistematizzare più facilmente la regolarità grammaticale incontrata.

 **Osserva.
Poi chiudi il libro e ricorda.**

Questo esercizio orale ha lo scopo di automatizzare una regolarità linguistica su cui si è riflettuto nell'esercizio precedente.

Gli studenti guardano con attenzione gli oggetti della fila contrassegnata in verde. Poi chiudono il libro e cercano di ricordare le immagini viste in sequenza.

Ripetono l'esercizio con gli oggetti della fila rossa e con quelli della fila gialla.
In seguito, l'insegnante propone l'esercizio come lavoro a coppie dove uno studente, con il libro aperto dice *verde* e l'altro cerca di ricordare la sequenza di oggetti.
Dopo qualche minuto, gli studenti si scambiano i ruoli.

L'insegnante gira, controlla, ma non interrompe, riservandosi le correzioni a fine esercizio.

 **Quante cose ci sono!
Leggi e scrivi il numero.**

Riprendete oralmente l'espressione *Quanti sono?* e verificate se gli studenti ne ricordano il significato.
Introducete poi l'espressione *Quante matite (rosse) ci sono?* con una modalità simile a quella indicata nella Unità 1, esercizio 6: l'insegnante mette 10 matite di colori diversi su un banco, prende quelle rosse e le mostra agli studenti, quindi le rimette sul banco insieme alle altre e chiede: *Quante matite rosse ci sono?* Procede allo stesso modo alcune volte scegliendo colori diversi e ponendo la rispettiva domanda.
Se necessario, traduce la domanda.
Passate poi all'esercizio scritto proposto nel testo, facendo contare gli oggetti a seconda del colore e facendo scrivere la risposta nell'apposito spazio.
Controllate, ponendo la domanda e chiedendo agli studenti di dare la risposta oralmente.

9 Una storia. Lorenzo e l'astuccio.

Prima di passare all'ascolto e alla comprensione della storia a fumetti, gli studenti guardano le illustrazioni sul libro per qualche minuto, senza preoccuparsi dei dialoghi scritti.
Al termine l'insegnante chiede di raccontare brevemente ciò che accade.

Si farà notare che il bambino piccolo usa la parola albero, rapportandolo alla propria statura. Quella che per Elena è una piccola pianta, per il bambino piccolo è un vero e proprio albero! In questo e in altri esercizi simili, si chiede allo studente di attivare non solo abilità linguistiche, ma anche logiche e deduttive (vedi premessa).

Proponete l'ascolto della cassetta chiedendo agli studenti di indicare di volta in volta il riquadro corrispondente ai dialoghi.

Dopo due ascolti di questo tipo, fate ascoltare i dialoghi ancora una volta chiedendo agli studenti di stare ad occhi chiusi ed immaginare la scena.

Come per le storie presentate nelle altre unità, si può tentare una drammatizzazione

Unità 4 — Gli animali preferiti

In questa unità gli studenti impareranno a capire:
Qual è l'animale del mago?
Vola come un pappagallo!
Salta come un coniglio!
Nuota come un pesce!
Mangia come un criceto!
Stai seduto come un cane!
Ruggisci come una tigre!

In questa unità gli studenti impareranno ad utilizzare:
Cane, coniglio, gatto, pappagallo, pesce, topo, tartaruga.
Hai un animale? Sì, ce l'ho.
Che animale è? È un gatto (bianco).
Un gatto - tre gatti.
Una tartaruga - due tartarughe.
Quanti cani? Quante tartarughe?

Attività ed abilità operative:
Ripetere un rap.
Ascoltare l'audiocassetta e scoprire qual è l'animale del mago.
Ascoltare le interviste dell'audiocassetta e scoprire quali sono gli animali più amati dai bambini italiani.
Completare le frasi dei bambini intervistati.
Colorare gli animali.
Fare un gioco in base al metodo dell'informazione mancante.
Capire le istruzioni e ripetere i movimenti.
Ascoltare l'audiocassetta e scrivere i numeri corrispondenti.
Trovare diversi animali nascosti in un insieme di disegni e scrivere quanti sono.
Gioco di sequenza logica: disegnare gli animali che mancano.

 Ascolta e ripeti il rap - presentazione.

Introducete prima di tutto le parole nuove, *gatto, cane, topolino, tartaruga*, con l'aiuto di flashcard preparate dall'insegnante (eventualmente fotocopiando e ingrandendo le immagini riportate in appendice) o da qualche studente.
Anche piccoli animali di plastica, o di peluche, che a volte gli studenti hanno tra i loro giocattoli a casa, possono essere sfruttati con successo. In seguito, l'insegnante nomina un animale e gli studenti, individualmente, indicano la flashcard corrispondente o mimano l'animale.

Per introdurre la struttura *Hai un...?* l'insegnante può far finta di aver bisogno di una penna e chiedere ad uno studente *Hai una penna?* utilizzando al massimo mimica e linguaggio gestuale.
Può passare eventualmente alla traduzione che confermerà quanto gli studenti hanno intuito. In alternativa o in aggiunta l'insegnante distribuisce una flashcard a qualche studente e chiede *Hai un (gatto)?*, accettando, come prima risposta, sia *sì!*, sia l'immagine che lo studente mostra all'insegnante. L'insegnante pone la stessa domanda ad altri studenti e suggerisce di rispondere *sì, ce l'ho!*

 Ascolta e ripeti il rap.

L'insegnante fa ascoltare il *rap* due o tre volte e lo fa ripetere agli studenti che, divisi in due gruppi, simulano un dialogo.

 Ascolta e trova l'animale del mago.

Dite agli studenti che dovranno scoprire quale animale possiede il mago.
Come già per gli esercizi simili delle unità precedenti, prima dell'ascolto della cassetta, iniziate con un esempio, e poi passate all'ascolto, chiedendo agli studenti di seguire il percorso con una matita o un pastello colorato.
Fate ascoltare la cassetta due o tre volte affinché tutti gli studenti siano in grado di identificare *l'animale del mago*.

Testo audio:
un criceto
un pappagallo
un coniglio
un cane
un pesce
un topolino
Che animale è?

Soluzione: *una tartaruga*.

Anche in questo caso, dopo aver svolto l'esercizio sul libro, un volontario potrebbe dettare un nuovo percorso ai compagni.

 Ascolta e indica quali sono gli animali di questi bambini.

Prima di ascoltare la cassetta, gli studenti guardano e descrivono in italiano i quattro animali di fianco alla foto di Giulia (cane: bianco e marrone; gatto: bianco e marrone; gatto: bianco e nero; cane: nero e marrone) Poi ascoltano la cassetta due o tre volte e scelgono quale sia veramente l'animale di Giulia.

Procedere allo stesso modo anche per le foto degli altri bambini (Stefano, Federico e Maria).

Testo audio:
Voce:	Giulia, hai un animale?
Giulia:	Sì, ce l'ho.
Voce:	Che animale è?
Giulia:	È un gatto.
Voce:	Di che colore è?
Giulia:	Bianco e nero.
Voce:	Stefano, hai un animale?
Stefano:	Sì, ho un pappagallo.
Voce:	Di che colore è?
Stefano:	Verde e giallo.
Voce:	Federico, hai un animale?
Federico:	Sì, ce l'ho.
Voce:	Che animale è?
Federico:	È una tartaruga.
Voce:	Di che colore è?
Federico:	Verde.
Voce:	Maria, hai un animale?
Maria:	Sì, ho un criceto.
Voce:	Di che colore è?
Maria:	Bianco e marrone.

 Completa le frasi.

Chiedete agli studenti di completare le frasi prendendo spunto dall'esercizio precedente. Gli studenti completano l'esercizio individualmente, poi lo correggono a coppie o in piccoli gruppi.

 Scegli e colora un animale. Poi gioca.

Gli studenti scelgono il proprio animale preferito e lo colorano, anche usando diversi colori (tra quelli conosciuti in italiano). L'insegnante si avvicina ad uno studente e, senza vedere quale animale abbia scelto e che colori abbia usato, chiede *Hai un animale?*, suggerendo la risposta *Sì, ce l'ho*. Lo studente ripeterà la risposta ad alta voce e l'insegnante continuerà il dialogo chiedendo: *Che animale è?*
Ma stavolta attenderà la risposta dello studente.

Infine chiederà *Di che colore è il tuo (pesce)?* aspettando anche questa volta la risposta. Ripetete lo stesso dialogo con diversi studenti.
In seguito, gli studenti colorano un secondo animale e ripetono il dialogo a coppie.

 Una storia da mimare. Muoviti come Tobi. Ascolta e metti i numeri.

Prima di presentare la *storia da mimare*, introdurre il verbo *ruggire (ruggisci!)*. Procedere poi come per le storie delle unità precedenti.

Testo audio:
*Ciao.
Ascolta e ripeti i movimenti.
Guarda! Fai come me.
Sei pronto? Via!*

*Vola come un pappagallo
Salta come un coniglio
Nuota come un pesce
Mangia come un criceto
Sta seduto come un cane
Ruggisci come una tigre*

E ora tocca a te. Ripeti i movimenti. Via!

*Vola come un pappagallo
Salta come un coniglio
Nuota come un pesce
Mangia come un criceto
Sta seduto come un cane
Ruggisci come una tigre*

Attenzione: ora cambio l'ordine.

*Nuota come un pesce
Ruggisci come una tigre
Vola come un pappagallo
Salta come un coniglio
Mangia come un criceto
Sta seduto come un cane.*

Ora apri il libro. Prendi una matita. Ascolta e metti i numeri. Fai attenzione.

*Numero 1: nuota come un pesce
Numero 2: ruggisci come una tigre
Numero 3: vola come un pappagallo
Numero 4: salta come un coniglio
Numero 5: mangia come un criceto
Numero 6: sta seduto come un cane*

8 Quanti animali ci sono? Conta e rispondi.

Ripassare l'espressione *Quanti... ci sono?* con l'aiuto di oggetti presenti in classe (vedi Unità 3, 8).
Passare poi all'esercizio sul testo, facendo scrivere le risposte nell'apposita griglia.
Se l'insegnante lo ritiene opportuno, svolgerà l'esercizio, dapprima, oralmente, in modo da abituare gli studenti a parlare.
Se qualche studente vuole, può formulare le domande ai compagni, magari con l'aiuto dell'insegnante.

9 Che cosa manca?

Un'attività di logica. Gli studenti osservano la prima fila di immagini e cercano di dedurre quale animale manca.
L'insegnante decide, a seconda del livello della classe, se far disegnare l'animale mancante o farne scrivere il nome (in questo caso, aiuterà gli studenti nello spelling).
Procedere allo stesso modo con le altre file di immagini.

Soluzione: gatto, coniglio
cane, pesce
topo..., cane
criceto.

10 Puzzle linguistico.

Gli esercizi di questo tipo sono studiati per avviare una sempre più consapevole riflessione sulla lingua.

L'insegnante rifletterà insieme agli studenti sugli abbinamenti corretti e scorretti che si possono fare con i numeri e i nomi e, quindi, sulla formazione del plurale.

Unità di verifica

Svolgimento delle prove, correzione collettiva, discussione degli errori e approfondimento dei punti trattati. È utile, in questo caso, riutilizzare le prime 4 unità del libro e coinvolgere gli studenti che hanno le idee più chiare nelle spiegazioni di ripasso.

Elementi linguistici che vengono riutilizzati:
Un topolino - dieci topolini.
Una lumaca - dieci lumache.
Numeri da 0 a 10.
Riconoscere, pronunciare e scrivere i nomi dei colori.
Oggetti usati a scuola con i loro colori (maschile e femminile, singolare e plurale).
I nomi degli animali.

Attività ed abilità operative:
Abbinare numeri e disegni.
Ascoltare i numeri registrati sull'audiocassetta e unire i puntini per fare un disegno sul libro.
Fare il gioco del cercaparole.
Scrivere i nomi dei colori.
Ascoltare l'audiocassetta e mettere i numeri giusti.
Leggere e disegnare.
Capire il significato di brevi testi scritti e scrivere i nomi dei bambini negli spazi giusti.
Scrivere i nomi degli animali.

Questi esercizi possono essere utilizzati come verifica individuale e come rinforzo linguistico. Va detto però che il vecchio concetto di *verifica* come *compito in classe* va aggiornato: ogni lezione ha in sé dei momenti di verifica, soprattutto di tipo comunicativo.

Le verifiche che si rifanno ai cosiddetti *compiti in classe* favoriscono di solito solo gli studenti con modalità di apprendimento linguistiche e logico-matematiche.
Un procedimento di verifica costante, *in itinere*, è più adatto agli studenti che utilizzano altre modalità per apprendere (vedi premessa, in riferimento alle teorie di Gardner).
Va inoltre sottolineato che le verifiche, soprattutto in una materia come la lingua straniera, possono essere invalidate se la relazione insegnante-studente non è improntata ad un rapporto di accettazione della persona nella più ampia definizione del termine. In altre parole, se lo studente non si sente accettato per quello che è (e l'insegnante comunica o meno questa accettazione soprattutto con il linguaggio non verbale) non sentirà valide le motivazioni alla comunicazione che sono alla base dello studio di una lingua.

Dopo questa breve premessa, ecco alcune note relative ad ogni esercizio dell'*Unità di verifica*.

 Leggi e colora le cornici dei disegni.

Gli studenti devono colorare le cornici a seconda del numero indicato.
La correzione può essere orale, in gruppo o individuale, sul testo, come nelle verifiche più tradizionali.

 Ascolta e unisci i punti.

Collegare i numeri secondo l'ordine presentato dalla cassetta.

Testo audio:
Quattro
Tre
Uno
Otto
Nove
Sette
Cinque
Zero
Sei
Dieci
Due
Quattro

Se lo ritiene opportuno, l'insegnante chiederà *Che cos'è?* e gli studenti risponderanno: *una lumaca*.

 Trova i nomi di 8 colori.
Cerchia ogni nome con il suo colore.

Gli studenti devono trovare nella griglia le parole relative ai colori e cerchiarle con il colore corrispondente.

Soluzione:
Orizzontali: *nero, verde, arancione, giallo, blu, rosa, viola.*
Verticali: *rosso.*

 Scrivi i nomi dei colori.

Gli studenti sono invitati a scrivere le parole sotto al colore relativo.

 Ascolta e metti i numeri.

La cassetta propone la descrizione delle tre immagini, con un numero.
Gli studenti devono scrivere nel riquadro il numero corrispondente. L'insegnante propone l'ascolto per 3 volte: un ascolto generale, un ascolto per svolgere l'esercizio vero e proprio (eventualmente fermando la cassetta dopo ogni frase), e un terzo ascolto per un controllo individuale.

Testo audio:
Numero uno:
un astuccio rosso
una penna blu
un righello giallo
e un libro arancione.

Numero due:
un righello giallo
un astuccio rosso
un libro blu
e una penna arancione.

Numero tre:
un righello giallo
un astuccio blu
una penna arancione
e un libro verde.

 Leggi, disegna e colora.

Secondo la descrizione riportata sotto ogni riquadro, gli studenti devono disegnare e colorare.

È utile ricordare agli studenti che non verrà in alcun modo giudicata la loro abilità di disegnatori. Non mettere in chiaro questo elemento potrebbe inibire alcuni studenti, non consentendo loro di svolgere l'esercizio con l'adeguata serenità.

 Scrivi i nomi negli spazi giusti.

Gli studenti devono scrivere i nomi accanto alla descrizione degli oggetti corrispondenti.

 Metti in ordine le lettere e scrivi le parole.

Gli studenti devono scrivere il nome degli oggetti disegnati, risolvendo gli anagrammi sotto ai disegni.

Unità 5 — I giorni della settimana

In questa unità gli studenti impareranno a capire:
La camera di Elena.
Chiudi gli occhi.
Apri gli occhi.
Odio il (rosa).
Gioco a calcio.
Posso restare a letto.
Alzati, Simone!
Aprite gli occhi!

In questa unità gli studenti impareranno ad utilizzare:
Lunedì, martedì, mercoledì, giovedì, venerdì, sabato, domenica.
Vieni con me.
Qual è il tuo giorno preferito?
(Il venerdì).
Elena odia il (rosa).
Dipingo un (pappagallo rosso) il (lunedì).

Attività ed abilità operative:
Ripetere un rap.
Ascoltare le voci registrate in diverse situazioni sull'audiocassetta e riconoscere il disegno o la foto corrispondente ad ogni situazione (ascolto globale).
Ascoltare i bambini che parlano del loro giorno preferito.
Capire il significato delle espressioni usate in una storia.
Cantare una canzone e colorare gli animali con i colori corrispondenti alle parole della canzone.
Cercare i giorni della settimana in un cercaparole.
Usare una legenda di lettere e colori per scoprire i giorni preferiti di quattro bambini.

 Ascolta e ripeti il rap.

Prima di ascoltare e ripetere il rap, si introducono i giorni della settimana.
Ecco un modo per procedere: l'insegnante inizia dicendo *Oggi è (venerdì)*, servendosi della mimica ed eventualmente di un calendario. Poi scrive alla lavagna la lettera iniziale del giorno della settimana in italiano (V). Sempre mostrando il calendario, procede ad introdurre tutti gli altri giorni, scrivendone in sequenza le lettere iniziali. Ripete poi i nomi dei giorni diverse volte, e chiede agli studenti, prima, solo di ascoltare, poi, di ripetere.
L'insegnante può eventualmente chiedere quale giorno della settimana gli studenti preferiscano, gli studenti risponderanno a questa domanda in italiano.
Al termine, fa ascoltare il rap, prima con il libro chiuso, poi guardando il testo.
Dopo due o tre momenti di ascolto, invita alcuni volontari a ripetere il rap insieme alla cassetta.

 Che numero è? Ascolta e rispondi.

Lo scopo di questa attività è che gli studenti imparino a comprendere il contesto generale di una conversazione, senza la preoccupazione di capire parola per parola. Informate gli studenti che nell'ascolto che effettueranno ci saranno parole che non hanno mai visto né sentito: è perciò del tutto normale se credono di non capire. Chiacchierate con loro qualche minuto sull'importanza di comprendere il senso generale di un messaggio a partire dal tono di voce, dalla modulazione, dal collegamento tra immagini e suono. Procedete poi ad un primo ascolto.
Al termine incoraggiate gli studenti e sottolineate, una volta di più, che capire non vuol dire necessariamente decodificare ogni singolo vocabolo.

Testo audio:
Bambino: Ah, che bello! È mercoledì. Oggi gioco a calcio con gli amici.
Voce: Che numero è?
Soluzione: 3

Bambino: Oggi è domenica. Finalmente posso restare a letto.
Voce: Che numero è?
Soluzione: 1

Mamma: Alzati, Simone. Oggi è lunedì.
Bambino: Oh no! Lunedì! Io odio il lunedì!
Voce: Che numero è?
Soluzione: 2

 **Ascolta.
Qual è il loro giorno preferito?**

Gli studenti ascoltano la cassetta e individuano quali sono i giorni preferiti da Lia, Marco, Irene, Piero.

Testo audio:
Voce: *Lia, qual è il tuo giorno preferito?*
Lia: *Il mio giorno preferito è…mhm…il venerdì.*

Voce: *Marco, qual è il tuo giorno preferito?*
Marco: *È il mercoledì. Gioco sempre a calcio con gli amici il mercoledì.*

Voce: *Irene, qual è il tuo giorno preferito?*
Irene: *La domenica, naturalmente. Mi piace tantissimo la domenica.*

Voce: *Piero, qual è il tuo giorno preferito?*
Piero: *Fammi pensare… ah, sì, è facilissimo: è il sabato.*

 Domanda a cinque compagni.

Gli studenti girano per la classe e intervistano i compagni.
Per evitare il caos, è bene fissare un tempo limite (3 minuti, ad esempio).
Allo scadere del tempo dato, gli studenti si siedono al loro posto e cercano di ricordare alcune delle risposte che hanno avuto, completando la tabella sul libro.
Eventualmente, la tabella può essere completata (o controllata) in un secondo giro di interviste.

 Una storia. La camera di Elena.

Chiedete agli studenti quali siano i loro colori preferiti. Quando uno studente risponde *rosa*, chiedete a tutti gli altri: *Vi piace il rosa?*
Introducete qui *(Marco) odia il rosa*, quando si è scoperto qualcuno a cui il rosa non piace.
Introducete la storia con la cassetta, secondo le indicazioni generali suggerite nella premessa.
Spiegate eventualmente che, nel giro di una settimana, Elena ha adattato la sua camera ai propri gusti, usando un colore al giorno.

 **Ascolta e canta.
Poi colora gli animali.**

La canzone riprende e rinforza il testo presentato dalla storia. Secondo le indicazioni fornite nella premessa, procedete con l'ascolto e il canto corale, permettendo, a chi lo desidera, di ballare, vivendo la canzone con il proprio corpo.
Chiedete poi di colorare gli animali secondo le indicazioni del testo.

 Trova e cerchia i giorni della settimana.

Gli studenti devono individuare i giorni della settimana nello schema e cerchiarli.
Svolgeranno l'esercizio individualmente e poi lo correggeranno a coppie.

Soluzione:
Orizzontali: *domenica, martedì.*
Verticali: *mercoledì, giovedì, venerdì, lunedì, sabato.*

 Trova i giorni preferiti di questi bambini.

Sotto ogni personaggio è scritto, in codice, il giorno della settimana preferito.
Gli studenti devono decodificare e completare il nome del giorno indicato.

Soluzione:
*Anna: mercoledì
Carlo: venerdì
Lorenzo: domenica
Lisa: sabato*

 E tu? Completa le frasi.

In questo esercizio, gli studenti hanno la possibilità di dire (e scrivere) qualcosa di se stessi. Per lo *spelling* delle risposte date, invitare gli studenti a riguardare le pagine precedenti.
Correggere poi l'esercizio con una conversazione di gruppo nella quale l'insegnante chiede ad ogni studente:
Qual è il tuo giorno preferito?
Qual è il tuo animale preferito?
Eventualmente, possono essere gli stessi studenti a porre le domande ai compagni.

Unità 6 — I vestiti

Questa unità richiederà un numero di ore in classe più alto rispetto alla media delle altre unità. Ciò dipende dalla necessità di introdurre diversi vocaboli nuovi e dalla tipologia delle attività previste, alcune delle quali - in particolare la numero 9 - richiedono più tempo per la spiegazione, lo svolgimento e la riflessione.

In questa unità gli studenti impareranno a capire:
Spegni la sveglia.
Alzati dal letto.
Mettiti la maglietta.
Grida: "Oh, no, piove!".
Chi è?

In questa unità gli studenti impareranno ad utilizzare:
l'aquilone, il berretto, il cappello,
i calzini, la camicia, il casco, la gonna,
i jeans, la maglietta, il maglione,
i pantaloni corti, le scarpe,
le scarpe da ginnastica, il vestito.
Alice ha (le scarpe marroni).
Vieni a giocare con me!

Attività ed abilità operative:
Ascoltare le parole e indicare i disegni corrispondenti.
Ripetere una canzone da mimare.
Cercare errori in un disegno.
Capire le istruzioni e ripetere i movimenti.
Ascoltare l'audiocassetta e scrivere i numeri negli spazi giusti.
Fare un gioco di sequenza logica.
Indicare se le frasi sono vere o false.
Leggere un breve testo descrittivo e colorare il disegno corrispondente.
Colorare un disegno e scrivere un breve testo descrittivo.
Leggere una poesia e ricordarne le parole con la tecnica dello *scheletro del testo*.
Fare il gioco dell'anagramma: mettere in ordine i nomi dei vestiti, disegnare e colorare i vestiti corrispondenti.
Fare un gioco con tessere ad incastro: abbinare gli articoli determinativi con i sostantivi e gli aggettivi al singolare e plurale.

 Ascolta e indica.

Prima di passare all'esercizio sul libro, l'insegnante introduce i vocaboli indicando ciò che personalmente indossa, ciò che indossano gli studenti o utilizzando delle flashcard. Man mano che introduce una parola, l'insegnante scrive alla lavagna la prima lettera del vocabolo stesso: *M* per *maglietta.*

Passate poi all'ascolto della cassetta.
Gli studenti indicano gli oggetti sul libro man mano che vengono nominati dal presentatore. In seguito, fate ascoltare la cassetta una o due volte chiedendo agli studenti di ascoltare ad occhi chiusi e di immaginare gli oggetti nominati.

L'ascolto ad occhi chiusi (ascolto immaginativo) aiuta a rinforzare l'apprendimento soprattutto per gli studenti che hanno bisogno di momenti introspettivi (vedi premessa).

Testo audio:
Le scarpe da ginnastica
Il maglione
La maglietta
La camicia
Il vestito
I pantaloni corti
Le scarpe
La gonna
I calzini
I jeans
Il cappello

In seguito, gli studenti osservano l'insegnante che *pronuncia* i vocaboli appena introdotti muovendo le labbra, ma senza usare la voce e devono indovinare di quali parole si tratti.
Eventualmente, proporre questa attività come gioco a squadre.

 Poi gioca a ricordare.

Con l'aiuto di uno studente, mostrate come funziona il *gioco del memory*: prendete una gomma (o un temperamatite o un altro oggetto di piccole dimensioni) e coprite la parola scritta sotto ad un disegno.
Chiedete allo studente di ricordare di quale parola si tratta.

Unità 6

Se lo studente indovina deve coprire a sua volta un'altra parola e chiedere all'insegnante di indovinare.
Dopo la dimostrazione, gli studenti lavorano a coppie.
L'insegnante ascolta e non interrompe, rimandando le correzioni alla fine dell'esercizio.

2a Ascolta e canta.

Prima di passare all'ascolto della cassetta, introducete la parola *aquilone*.
Chiedere agli studenti se hanno un aquilone, ed eventualmente chiedere anche di che colore è.
Passare poi all'ascolto della canzone, a libro chiuso. Al termine l'insegnante dice *La mia...* e, indicando uno studente che indossa una maglietta, completa: *...maglietta preferita è (blu)*.
L'insegnante continua così, indicando ogni volta l'abbigliamento di uno studente.
Al termine, gli studenti ascoltano di nuovo la canzone e ne visualizzano il testo sul libro. Dopo due o tre ascolti, gli studenti cantano insieme alla cassetta.

2b Che cosa è sbagliato nel disegno?

Gli studenti osservano il disegno che correda la canzone e, rileggendo il testo, decidono quali elementi sono sbagliati nel disegno e perché.

3/4 Una storia da mimare. Muoviti come Tobi. Ascolta e metti i numeri.

Seguendo le indicazioni generali suggerite nella premessa, presentare la *storia da mimare*.

Testo audio:
Una storia da mimare. Muoviti come Tobi.

Ciao.
Ascolta e ripeti i movimenti.
Guarda! Fai come me.
Sei pronto? Via!
Spegni la sveglia
Alzati dal letto
Mettiti la maglietta
Mettiti i pantaloni corti
Mettiti i calzini
Mettiti le scarpe da ginnastica
Mettiti il casco
Apri la porta
Grida: oh, no, piove!

E ora tocca a te. Ripeti i movimenti. Via!

Spegni la sveglia
Alzati dal letto
Mettiti la maglietta
Mettiti i pantaloni corti
Mettiti i calzini
Mettiti le scarpe da ginnastica
Mettiti il casco
Apri la porta
Grida: oh no, piove!

Attenzione: ora cambio l'ordine.

Mettiti la maglietta
Apri la porta
Grida: oh no, piove!
Mettiti le scarpe da ginnastica
Spegni la sveglia
Mettiti i pantaloni corti
Alzati dal letto
Mettiti i calzini
Mettiti il casco.

Ora apri il libro. Prendi una matita.
Ascolta e metti i numeri. Fai attenzione.

Numero 1: mettiti la maglietta
Numero 2: apri la porta
Numero 3: grida: oh no, piove!
Numero 4: mettiti le scarpe da ginnastica
Numero 5: spegni la sveglia
Numero 6: mettiti i pantaloni corti
Numero 7: alzati dal letto
Numero 8: mettiti i calzini
Numero 9: mettiti il casco.

5 Ascolta e scrivi i nomi dei bambini.

Prima di proporre l'esercizio, l'insegnante disegna alla lavagna due bambini, un maschio ed una femmina (anche stilizzati).
Poi propone una attività introduttiva: descrive l'abbigliamento di uno studente, o di una studentessa, e chiede agli altri di indovinare di chi si tratta.
Es. *Ha la maglietta gialla, i jeans, i calzini bianchi e le scarpe marroni. Chi è?*
Passare poi all'esercizio sul libro.

L'insegnante legge un paio di volte i nomi dei personaggi e chiede agli studenti di ripeterli, poi fa ascoltare la cassetta. Fermate il registratore dopo ogni descrizione e date il tempo a tutti di riflettere e scrivere il nome del bambino descritto.

Concludete l'esercizio con una verifica orale.

Testo audio:

Voce:	Numero uno È un bambino. Ha i pantaloni corti blu e i calzini gialli Hai capito? Ancora una volta. Il numero uno è un bambino. Ha i pantaloni corti blu e i calzini gialli. Chi è?
Soluzione:	Andrea
Voce:	Numero due È una bambina. Ha il maglione blu e i jeans bianchi. Hai capito? Ha il maglione blu e i jeans bianchi. Chi è?
Soluzione:	Elena
Voce:	Numero 3 È un bambino. Ha la maglietta verde e i calzini rossi. Hai capito? La maglietta verde e i calzini rossi. Ancora una volta. Il numero tre è un bambino. Ha la maglietta verde e i calzini rossi. Chi è?
Soluzione:	Luca
Voce:	Il numero quattro è una bambina. Ha il maglione blu e le scarpe rosse. Il maglione blu e le scarpe rosse.
Voce:	Hai capito? Chi è?
Soluzione:	Sandra

 Vero o Falso?

L'insegnante spiega il significato di *vero o falso*, poi lascia agli studenti il tempo di leggere per conto proprio le sei frasi dell'esercizio.
È possibile che, anche senza spiegazione, qualche studente abbia capito l'esercizio. In questo caso, potrebbe essere lo stesso studente, o gli stessi studenti, a spiegare lo svolgimento dell'esercizio ai compagni. Gli studenti devono barrare la casellina V o F accanto ad ogni frase, a seconda che la ritengano giusta o sbagliata, rispetto alle immagini dell'esercizio precedente.
Correggere l'esercizio facendo leggere le frasi in gruppo (eventualmente tentare, ma senza forzare, una lettura individuale ad alta voce).

Soluzione: vero, falso, falso, vero, falso, vero.

 Leggi e colora il disegno.

L'insegnante spiega agli studenti che devono colorare il personaggio secondo la descrizione sul testo, oppure dice:
Ecco a voi un esercizio: cercate di capire che cosa dovete fare, magari consultandovi tra voi, poi eseguitelo.
Certi studenti trovano questo tipo di approccio particolarmente stimolante. L'insegnante dovrà valutare se, nella sua classe, questo tipo di proposta è uno stimolo al lavoro o una potenziale fonte di frustrazione.

 Colora il disegno e scrivi.

Gli studenti devono colorare il disegno secondo i loro gusti e poi scrivere alcune frasi corrispondenti al proprio disegno. Possono controllare l'ortografia consultando le pagine precedenti.
La correzione può essere fatta a coppie o a piccoli gruppi, scambiandosi i libri (naturalmente sotto la supervisione dell'insegnante).

Ascolta e leggi. Poi copri le frasi. Quali parole ricordi?

Questo esercizio riprende la metodologia già suggerita nell'Unità 5 esercizio 1, riguardo ai giorni della settimana.
Prima di tutto l'insegnante spiega il significato di *mi metto*, poi passa a far ascoltare la cassetta.
Gli studenti ascoltano la poesia per due o tre volte con il libro chiuso. In seguito l'insegnante rilegge il testo riga per riga, chiedendo agli studenti di ripetere.
Infine chiede agli studenti di coprire il testo e di leggerlo solo servendosi dello *scheletro del testo*, composto dalle lettere iniziali e dai disegni. Gli studenti leggono la poesia, dapprima insieme, poi individualmente, a discrezione dell'insegnante.

 Gioca con i compagni.

Esercizio da fare a coppie.
Mettendosi schiena contro schiena, gli studenti mettono alla prova la loro memoria visiva. Uno chiede all'altro *Che vestiti ho?*
Il compagno deve nominare i capi di abbigliamento e i colori relativi.

 Metti in ordine le lettere e scrivi le parole. Poi disegna e colora i vestiti.

Il primo (e il secondo) esempio sono da fare insieme, sotto la guida dell'insegnante.
Per il resto, gli studenti possono lavorare da soli o a coppie. Per la correzione, invitarli a scambiarsi i libri e confrontare le rispettive soluzioni.

 Abbina la parola giusta.

Per la metodologia, vedi anche Unità 4, esercizio 10. Scopo di questa attività è avviare gli studenti a comprendere il legame logico tra i vari elementi della frase (in questo caso l'articolo determinativo, l'aggettivo e il nome).
L'insegnante può fornire anche altri esempi, tipo *il cappello verde, la maglietta gialla...* senza tuttavia sistematizzare il tutto in una regola grammaticale tradizionale, a meno che questa non emerga spontaneamente da uno studente. In questo caso la regola va certamente ripresa, ma non enfatizzata.

Unità 7 — Buon compleanno!

In questa unità gli studenti impareranno a capire:
Abito a...
Oggi è il compleanno di (Lallo).
Simsalabino, serpente e topolino,
la torta è per te.
La festa di compleanno, i biglietti di auguri.
Attenzione: niente acqua!
Aiuto! Entriamo in casa!
Mhm, com'è buona la torta!

In questa unità gli studenti impareranno ad utilizzare:
Gennaio, febbraio, marzo, aprile, maggio, giugno, luglio, agosto, settembre, ottobre, novembre, dicembre.
Quando è il tuo compleanno, (Monica)?
In (giugno).
Buon compleanno! Tanti auguri!
Il mio compleanno è in (settembre)
Il compleanno di Cristina è in (maggio).
Battiamo le mani, suoniamo i tamburi, cantiamo insieme.

Attività ed abilità operative:
Ripetere un rap.
Capire il significato di un testo da ascoltare e leggere.
Scoprire dal testo e dalle foto come una bambina di Milano festeggia il suo compleanno.
Cantare una canzone.
Cerchiare e scrivere i nomi dei mesi.
Domandarsi a vicenda quando è il proprio compleanno.
Compilare una tabella in base alle interviste ai compagni.
Scrivere delle frasi sul compleanno dei compagni e sul proprio compleanno.
Leggere e ascoltare una storia.
Capire le relazioni di causa-effetto in un disegno.
Riconoscere le frasi interrogative e affermative.

1 Ascolta e ripeti il rap.

Con l'aiuto di un calendario presentare i mesi dell'anno. Man mano che i mesi vengono presentati, l'insegnante attacca la pagina del calendario alla lavagna.

Se il nome sul calendario non è in italiano, non sarà un problema; anzi, in questo momento può anche tornare utile. Pronunciando il mese in italiano, ma indicando sul calendario il nome nella lingua di partenza si eviterà di creare interferenze tra pronuncia e parola scritta.
In alternativa si possono usare delle flashcard che l'insegnante avrà preparato, o, meglio ancora, fatto preparare a qualche studente precedentemente.

Man mano che gli studenti familiarizzano con i nomi dei mesi, l'insegnante scrive alla lavagna, in sequenza, le lettere iniziali:
G., F., M., A., ecc.

A questo punto l'insegnante pronuncia i mesi, prima in sequenza, poi in ordine sparso, accentuando i movimenti delle labbra, ma senza usare la voce.
Gli studenti devono indovinare dalla lettura "labiale" di quale mese si tratta e ripeterlo. Questo esercizio è molto utile, al fine di favorire una precisa acquisizione della pronuncia, in quanto richiede una concentrazione molto profonda sui movimenti da fare per una pronuncia più corretta.

Le iniziali scritte alla lavagna possono essere di aiuto per un gioco di rinforzo.
Gli studenti si siedono in cerchio (semicerchio per vedere meglio la lavagna, se occorre).
L'insegnante dice il nome di uno studente e questo dice *gennaio*.
Lo stesso studente dice poi il nome di un compagno che dovrà dire *gennaio-febbraio*, e così via.

Si passa poi all'ascolto del rap.
Anche qui, tenere presenti le indicazioni suggerite nella premessa sulle tre fasi di ascolto:
1. ascoltare senza guardare il testo scritto
2. ascoltare ad occhi chiusi
3. ascoltare guardando il testo scritto.
Per la ripetizione si può dividere la classe in due gruppi.
Prima della ripetizione, l'insegnante può scrivere alla lavagna uno *scheletro del testo* come quelli già usati nelle lezioni precedenti:

T   qu è il t   c   ?
I g   , f   , m   ?
N , n , n .
I a   , m   , g   ?
N , n , n .
I l   , a   , s   ?
N , n , n .
I o   o n   ?
N ! R   s   :
è i d   .

L'insegnante indica la lettera sulla lavagna e gli studenti leggono la parola.

 Quando è il compleanno di questi bambini? Ascolta e cerchia il mese giusto.

Gli studenti devono ascoltare e segnare il mese indicato dai personaggi intervistati sulla cassetta.

Testo audio:

Voce: Sofia, quando è il tuo compleanno?
Sofia: In novembre.

Voce: Tommaso, quando è il tuo compleanno?
Tommaso: Il mio compleanno? Mhm... in giugno.

Voce: E il tuo compleanno, Carla, quando è il tuo?
Carla: In marzo.

Voce: Daniele.
Daniele: Sì?
Voce: Quando è il tuo compleanno?
Daniele: In dicembre.

Anche se sarà oggetto di un prossimo esercizio, l'insegnante può già chiedere a qualche studente:
Quando è il tuo compleanno?
Aggiungendo magari subito:
*Il **mio** compleanno* (enfatizzando la mimica) *è in (gennaio).*
*Quando è il **tuo** compleanno?*

 Una festa di compleanno.

L'insegnante chiede agli studenti come festeggiano di solito il loro compleanno. Gli studenti guardano poi la fotografia di pagina 47 e discutono sulle similitudini e sulle differenze tra una loro festa di compleanno e quella documentata nella foto. Spiegare la frase *abito a Milano* con esempi pratici; l'insegnante dice di sé: *io abito a...*

L'insegnante può sfruttare l'immagine dell'esercizio anche per ripassare vocaboli e strutture delle lezioni precedenti. Evidenziando le eventuali parole nuove non sarà difficile per gli studenti comprendere domande tipo: *Quanti bambini ci sono in questa foto?*
Di che colore è la torta?

 Ascolta e canta.

Con l'aiuto di gesti o di flashcard l'insegnante introduce le parole nuove relative alle azioni:
battiamo le mani,
suoniamo i tamburi
e spiega il significato dell'espressione *"la torta è tutta per me!"* attraverso la mimica.

Gli studenti imparano a mimare le azioni. L'insegnante invita poi qualche studente a spiegare ai compagni il significato di *tanti auguri*.

Per la metodologia della canzone l'insegnante può fare il riferimento alle fasi già indicate per le canzoni precedenti:

1. ascolto a libro chiuso
2. ascolto ad occhi chiusi
3. ascolto di nuovo ad occhi aperti senza libro
4. ascolto guardando il testo
5. invito ad unirsi al canto.

Questa canzone può diventare il motivo ricorrente in occasione dei compleanni degli studenti in classe, sostituendo ogni volta il nome *Martina* con il nome del festeggiato.

Cerchia e scrivi i nomi dei mesi.

Gli studenti devono cerchiare il nome dei mesi usando pastelli di diverso colore. Devono poi scriverli in sequenza sulle linee numerate.

 Scrivi i nomi dei tuoi compagni vicino al mese.

Gli studenti intervistano i compagni come nell'esempio e, con le informazioni raccolte, preparano un cartellone con l'indicazione dei vari compleanni nel corso dell'anno. Ogni compleanno verrà così festeggiato, anche se brevemente.

L'insegnante può inoltre organizzare un piccolo momento di festa per festeggiare gli studenti il cui compleanno avviene in estate o è già passato nei primi mesi dell'anno scolastico.

 Scrivi quando è il compleanno di cinque tuoi compagni e quando è il tuo.

Ogni studente, individualmente, scrive qualche frase riguardo ad alcuni compagni di classe (almeno cinque) e su se stesso. Per la correzione gli studenti si scambiano il libro e correggono gli eventuali errori, sotto la supervisione dell'insegnante.

 Una storia. La torta di compleanno.

L'insegnante introduce i nuovi vocaboli servendosi eventualmente di disegni o di flashcard.
Si passa poi all'ascolto della storia, secondo le indicazioni generali suggerite nella premessa.

In alternativa, l'insegnante può far ascoltare alcune volte la storia (due ascolti con il libro chiuso, due ascolti con il libro aperto) senza introdurre i nuovi vocaboli. Con l'aiuto delle immagini e dell'intonazione vocale gli studenti sapranno cogliere il significato generale della storia.

L'insegnante controlla poi se c'è stata una comprensione intuitiva anche dei singoli vocaboli.
È possibile drammatizzare la storia in classe. In questo caso sarà utile avere qualche oggetto che possa ricreare il clima della storia: un grosso libro, un cappello, una bacchetta magica.
Per iniziare, l'insegnante chiama due volontari e, se occorre, suggerisce le battute o chiede a qualche studente di farlo al posto suo.

 Quando è il compleanno di questi bambini?

Gli studenti lavorano individualmente o con un compagno, cercando di individuare in quale mese i personaggi compiono gli anni, seguendo gli indizi presenti nel disegno.

Anche questo, così come altri presentati nelle unità precedenti, è un esercizio che, oltre all'abilità linguistica sviluppa l'abilità logica e deduttiva degli studenti.

Soluzione: *Il compleanno di Caterina è in febbraio (impronta digitale). Il compleanno di Bruno è in maggio (carta bruciata con l'aiuto della lente di ingrandimento). Il compleanno di Marco è in dicembre (carta tagliata con le forbici). Il compleanno di Gianni è in agosto (macchia rossa lasciata dal pennello). Il compleanno di Sandra è in ottobre (chiodo piantato col martello). Il compleanno di Alessia è in marzo (freccia scagliata con l'arco).*

 Ascolta, poi aggiungi alle frasi il punto interrogativo ? o il punto fermo.

Gli studenti devono riflettere se le frasi sulla sinistra siano interrogative o affermative e completarle con il punto interrogativo oppure con il punto fermo.

Unità di verifica

Svolgimento delle prove, correzione collettiva, discussione e approfondimento delle correzioni.
Per questa fase, riutilizzare le unità precedenti.

Elementi linguistici che vengono riutilizzati:
Apri gli occhi.
Ecco il tuo premio.
Qual è il tuo numero di telefono?
Che cosa c'è nella scatola?
Apri la porta.
Il mio animale preferito è il gatto.
Odio il rosa.
Questa è la mia bandiera.
Dov'è il mio astuccio?
I giorni della settimana.
Il giorno preferito di (Piero) è il (lunedì).
Sofia ha un (berretto rosa).
(Nomi dei) vestiti. (Nomi dei) mesi.

Attività ed abilità operative:
Abbinare le frasi con i disegni.
Ascoltare le interviste per scoprire i giorni preferiti dei bambini.
Completare le frasi sui giorni preferiti dei bambini.
Abbinare i testi descrittivi con i disegni.
Scrivere le parole giuste nei cruciverba.
Usare una legenda di lettere e colori per scoprire alcune date di compleanno dei bambini.

 Scrivi i numeri nei fumetti.

Gli studenti, individualmente, sono invitati a scrivere nei fumetti il numero della frase corrispondente.

Soluzione: 1, 4, 8, 6, 3, 7, 2, 9, 5

 **Ascolta e scrivi.
Qual è il loro giorno preferito?**

Avvertire gli studenti che, anche se non comprenderanno tutto ciò che viene detto, saranno però in grado di capire ciò che l'esercizio richiede.

Testo audio:
Voce: Irene, qual è il tuo giorno preferito?
Irene: Fammi pensare... ah, sì, è il martedì.

Voce: Maria, qual è il tuo giorno preferito?
Maria: Il sabato è il giorno che mi piace di più.

Voce: Matteo, qual è il tuo giorno preferito?
Matteo: Mah, non lo so. Forse il venerdì.

Voce: E il tuo giorno preferito, Leonardo, qual è?
Leonardo: È la domenica, perché non c'è scuola. Viva la domenica!

Far notare agli studenti che in Italia, in moltissime scuole, il sabato è normalmente giorno di lezione. Non c'è a riguardo omegeneità, ma differenze da regione a regione.

 Completa le frasi.

Seguendo la linea di collegamento, scrivere le quattro frasi usando lo schema:
Il giorno preferito di Piero è...

Soluzione:
Piero - il venerdì, Daniele - il giovedì, Fabio - il sabato, Sandra - la domenica.

 Scrivi i nomi delle bambine.

Dalla osservazione delle immagini e dalle descrizioni, gli studenti devono scrivere il nome giusto sotto ogni bambina.

 Scrivi le parole giuste nelle caselle.

Gioco di cruciverba; se qualche studente è in difficoltà e vive l'insuccesso come umiliazione, consentire tranquillamente la possibilità di sfogliare le pagine precedenti.

 Quando è il loro compleanno?

A numero uguale corrisponde lettera uguale. Gli studenti devono decodificare i mesi dell'anno scritti accanto ad ogni nome, aggiungendo le lettere mancanti.

Soluzione: Rosanna - novembre, Davide - aprile, Giulia - maggio, Simone - settembre.

Unità 8 — Gli stati d'animo

Questa unità richiederà un numero di ore in classe più alto rispetto alla media delle altre unità. Ciò dipende dalla necessità di introdurre e riutilizzare diversi vocaboli, non solo nell'area degli stati d'animo, ma anche dei vocaboli relativi ai numeri da 10 a 20 e alle istruzioni per giocare a due giochi diversi.

In questa unità gli studenti impareranno a capire:
Che bel regalo! Ho un gioco nuovo.
Giochiamo insieme. No, noi abbiamo già un altro gioco.
Questo gioco è brutto, papà.
Ma... Michele!
Mi dispiace. Il gioco non è brutto.
Ero arrabbiato. Va bene, (Michele).
Facciamo la pace e siamo contenti.
Contiamo da 10 a 20.

In questa unità gli studenti impareranno ad utilizzare:
Nomi degli stati d'animo: arrabbiato, felice, spaventato, stanco, triste.
(Lui) piange, ride, batte i piedi per terra, (la sera) va a dormire.
Espressioni di un gioco di carte:
il topo stanco, (per favore); eccolo; mi dispiace, non ce l'ho.
Tanti auguri, Michele! Grazie.
(Piero) è spaventato.
(Sofia) è arrabbiata.

Attività ed abilità operative:
Ascoltare i nomi degli stati d'animo e scrivere i numeri giusti.
Cantare e ripetere i movimenti suggeriti da una canzone.
Ascoltare una breve conversazione registrata sull'audiocassetta e interpretare gli stati d'animo della gente.
Disegnare le espressioni dei bambini in base ai loro stati d'animo.
Ritagliare le carte in appendice per giocare. Fare un gioco di carte.
Capire il significato delle espressioni di una storia. Fare un gioco dell'oca: mimare/rappresentare delle istruzioni scritte.
Concordare il nome dello stato d'animo al maschile o al femminile a seconda della persona a cui si riferisce.
Dire e scrivere frasi sui bambini e sui loro stati d'animo.

 Ascolta e scrivi i numeri.

Prima di passare all'ascolto tramite audiocassetta, come sempre, l'insegnante è invitato ad introdurre i nuovi vocaboli. Ricordate che niente è più efficace della mimica per trasmettere gli stati d'animo. Per la metodologia, seguire le indicazioni suggerite nella premessa.

Testo audio:
Numero 1: felice
Numero 2: arrabbiato
Numero 3: triste
Numero 4: stanco
Numero 5: spaventato

 Ascolta, canta e mima le espressioni di Tobi.

L'insegnante presenta le prime due righe della canzone e contemporaneamente le mima.

Chiede poi agli studenti di ripetere e di unirsi al canto, secondo le indicazioni suggerite nella premessa.

 Ascolta e disegna le espressioni dei bambini.

Gli studenti ascoltano la cassetta e, senza necessariamente capire parola per parola, dovranno identificare gli stati d'animo dei personaggi e disegnarne i visi come indicato dai cinque piccoli disegni.

Assicurarsi prima di tutto che questi stati d'animo siano chiari per tutti.
Nell'ordine, i cinque disegni illustrano i seguenti stati d'animo: felice, triste, arrabbiato, spaventato, stanco.

Prima di passare all'esercizio è utile far imitare agli studenti gli stati d'animo indicati. L'insegnante nomina uno stato d'animo, ad esempio stanco, e uno o più studenti lo mimano.

Si può anche organizzare una piccola gara per scoprire i migliori attori della classe.
Si passa poi all'ascolto della cassetta.

Testo audio:
Voce: *Situazione 1*

Mamma: Chiudi gli occhi, Piero.
Piero: Va bene.
Mamma: 10... 9... 8... 7... 6... 5... 4... 3... 2... 1... 0... Apri gli occhi.
Piero (felice): Oh, che bella maglietta!

Voce: **Situazione 2**
Carla (stanca): Buonanotte, mamma.
Mamma: Buonanotte, Carla.

Voce: **Situazione 3**
Sofia (arrabbiata): No, è il mio astuccio.

Voce: **Situazione 4**
Papà: Alzati, Tommaso. È ora di andare a scuola.
Tommaso (stanco/addormentato): Ahhh...

Voce: **Situazione 5**
Nicola (spaventato): Aiuto! Un topo!

Voce: **Situazione 6**
Davide (arrabbiato): Ahi! Basta!

Voce: **Situazione 7**
Papà: Ecco il tuo succo di frutta, Sandra.
Sandra (felice): Grazie. Aaaaaaahh. Com'è buono!

Voce: **Situazione 8**
Paola (triste): Guarda... la mia maglietta nuova!
Papà: Oh, Paola. Mi dispiace.

 Ritaglia 16 carte a pag. 93 e gioca con i compagni.

Gli studenti ritagliano le carte necessarie per il gioco dall'appendice a pag. 93.
Si dividono poi in gruppi di quattro.
Lo scopo del gioco è di formare quante più famiglie (gruppi di quattro carte) si è in grado di fare, chiedendo le carte alle altre persone del proprio gruppo.
Uno studente comincia e chiede, ad es.:
(Gianni), *il topo stanco, per favore*.
Se (Gianni) ha la carta con il topo stanco, la passa allo studente che l'ha chiesta rispondendo: *eccolo*.
Far notare agli studenti che nel caso della tartaruga arrabbiata, la risposta sarà: *eccola*.
Lo studente continua a chiedere le carte necessarie per completare la famiglia, ancora a (Gianni) o a qualche altro compagno. Se questa volta chi risponde non ha la carta richiesta, dice *mi dispiace, non ce l'ho* e a sua volta chiede una carta ad un compagno a scelta per formare una famiglia.

Quando uno studente riesce a formare una famiglia di carte (ad esempio i quattro topi), quella appartiene a lui e nessun altro può più richiedere carte con topi.
Il gioco si conclude quando tutte le famiglie sono state formate.
Chi ne ha formate di più, vince.

 Una storia. Il regalo di compleanno.

Procedere secondo le modalità suggerite nella premessa alla voce **Dialoghi e storie**.
Per questa storia le parole da introdurre prima dell'ascolto sono: *un gioco nuovo, giochiamo, brutto, scusa, facciamo la pace*.

Per controllare la comprensione del senso generale si può procedere così: l'insegnante avverte gli studenti che dirà alcune frasi corrette ed altre non corrette sul contenuto della storia appena ascoltata.
Quando qualcuno identifica una frase non corretta deve bussare sul banco e l'insegnante lo inviterà a ripetere la frase correttamente.
Qualche esempio di frase non corretta da utilizzare:
Michele ha un pallone nuovo.
La sua mamma gli regala un gioco nuovo.
Michele dice ad alcuni bambini:
"Ho un walkman nuovo. Giochiamo".
I bambini rispondono:
"Che bello! Vieni, giochiamo insieme".
Michele ritorna dal suo papà e dice che il gioco è bellissimo.

 Ascolta e memorizza i numeri.

Evidenziare il significato della parola *contare*, ripassando i numeri da 1 a 10.
Procedere con l'ascolto della rima come preparazione per i numeri successivi.
Quindi introdurre i numeri da 11 a 20.
La rima e i numeri seguenti possono essere usati in classe ogni qualvolta si debba fare una conta.

7 Abbina il nome dei bambini con uno stato d'animo. Poi disegna la loro faccia e completa la frase.

L'insegnante disegna un viso arrabbiato alla lavagna o utilizza le facce dell'esercizio 3 e chiede agli studenti *"Come sta oggi, (Lorenzo)?"*
Scrive poi alla lavagna la frase, certamente già suggerita dagli studenti, *Lorenzo è arrabbiato*, evidenziando il nome *Lorenzo* e la **o** finale di *arrabbiato* con il gesso azzurro. Fa poi lo stesso con *(Gianna) è stanca*, ed evidenzia *Gianna* e la **a** finale con un gesso rosso. Nel caso di *(Irene) è felice* o *(Riccardo) è triste* scrive la frase con il gesso bianco.
Gli studenti eseguono l'esercizio individualmente, poi si confrontano con il compagno di banco. Infine si discutono insieme le soluzioni possibili.

8 Domanda a cinque compagni: "Come stai, oggi?"

Gli studenti devono intervistare 5 compagni della classe e completare la tabella.

9 Racconta lo stato d'animo di cinque bambini.

Guardando la tabella, ogni studente deve formare almeno cinque frasi relative alle informazioni raccolte: *Oggi (Paolo) è felice, (Laura) è arrabbiata...*

9 Ascolta e indica i numeri. Poi fai il gioco del mimo.

Gli studenti ascoltano la cassetta e mimano le indicazioni che vengono di volta in volta date con i numeri.

In seguito, gli studenti giocano a coppie, senza più il bisogno del supporto audio. Uno studente lancia un dado e avanza secondo il punteggio ottenuto. Se si ferma su una casella con una indicazione, deve mimarla correttamente, altrimenti rimane fermo un turno. Vince colui che per primo arriva alla casella 20 con la scritta *ridi*.

Testo audio:
Voce: Cinque
Mettiti il casco
Tre
Sette
Dieci
Apri la porta
Quattordici
Uno
Venti
Ridi
Nove
Quindici
Sei arrabbiato
Due
Mettiti le scarpe da ginnastica
Diciannove
Diciassette
Braccia in alto
Dodici
Sedici
Quattro
Diciotto
Sei spaventato.
Sei
Batti le mani

Unità 9 — I cibi preferiti

In questa unità gli studenti impareranno a capire:
Vai a un distributore automatico di bevande.
Mettiti la mano in tasca.
Prendi tre monete.
Metti le monete nel distributore.
Premi il pulsante.
Prendi la lattina.
Aprila.
Asciugati il viso.
Bevi.
Che buoni i popcorn!
Prendete.
Un panino, per favore. Eccolo.
Niente gelati in autobus!
Prendi tu il gelato.
Mi piace molto la pizza; il pollo.
Mi piacciono tantissimo le patatine fritte; gli spaghetti.

In questa unità gli studenti impareranno ad utilizzare:
I nomi dei cibi: le banane, il gelato, le mele, il panino, il pesce, la pizza, le patatine fritte, il pollo, gli spaghetti.
Mi piace (il latte). Mi piacciono (le mele).
(A Marta) piacciono le banane.
Ti piace (il formaggio)?
Sì, mi piace; No, non mi piace.
Ti piacciono (le banane)?
Sì, mi piacciono; No, non mi piacciono.

Attività ed abilità operative:
Ascoltare le parole e indicare i disegni corrispondenti.
Completare un gioco di sequenza logica su che cosa piace mangiare ai bambini.
Ripetere un rap.
Ascoltare i bambini che parlano di che cosa gli piace/non gli piace mangiare e disegnare le loro espressioni corrispondenti.
Capire il significato delle espressioni di una storia.
Intervistare altri compagni di scuola su che cosa gli piace/non gli piace mangiare.
Ascoltare alcuni bambini italiani che parlano del loro cibo preferito.
Scrivere sui propri gusti riguardo ai cibi.

 Ascolta e indica.

Anzitutto verificare quali vocaboli gli studenti conoscono già.
Spesso, infatti, il nome in italiano di qualche cibo è già conosciuto.
Introducete poi i nuovi vocaboli, usando la stessa metodologia presentata per l'esercizio 1 dell'Unità 6. Oltre alle flashcard, l'insegnante e gli studenti potranno portare a scuola scatole vuote di cibo, ad es. spaghetti, latte, succhi di frutta, cereali... o cibi finti in plastica, facilmente reperibili in qualunque negozio di giocattoli. Portare anche un po' di cibo vero è utile e divertente, magari organizzando una merenda in italiano, alla fine dell'unità didattica.
A questo proposito si possono utilizzare strutture quali:
Posso avere un panino, per favore?
Eccolo.
Ti piacciono le mele?
No, non mi piacciono. Mi piacciono le banane.

Mentre l'insegnante presenta i vocaboli dell'esercizio 1 può anche già introdurre la struttura *Ti piace (la pizza)?* e suggerire le risposte *Sì, mi piace; No, non mi piace. Ti piacciono le banane? Sì, mi piacciono. No, non mi piacciono.*
Se l'insegnante utilizza un'adeguata gestualità e un'accentuata mimica facciale, la comprensione di queste frasi non dovrebbe creare problemi.
Per avere con chiarezza una risposta negativa, l'insegnante può proporre le combinazioni più originali, ad es. *Ti piacciono la cioccolata calda, l'aranciata, la coca cola, e il latte?* (mimando con le mani che da questi cibi separati vuole, in realtà, formare un'unica bevanda da servire).

Passare poi all'ascolto della cassetta.

Testo audio:
la pizza
il panino
la cioccolata calda
le mele
l'aranciata
il gelato
il latte
le banane

il succo di frutta
il pollo
gli spaghetti
il formaggio
le patatine fritte
il pesce

 Chiudi il libro.
Quante parole ricordi?

Gli studenti osservano le illustrazioni sul libro per 15 secondi, poi lo chiudono mentre l'insegnante chiede: quante parole ricordate?
Eseguire questo gioco prima insieme, poi a gruppi o a coppie.

 Osserva i simboli e
completa le frasi.

Prima di iniziare questa attività accertatevi che gli studenti capiscano il significato delle parole *piace/piacciono* con esempi del tipo: *Mi piace il latte; mi piacciono il latte e il gelato.*
Accompagnate gli esempi contando con le dita quanti cibi seguono il verbo piacere.
Per esempi del tipo *mi piacciono gli spaghetti*, fate capire che si tratta di una grande quantità.

Dite agli studenti che dovranno risolvere un giochino di enigmistica, un rompicapo.
Gli studenti sono invitati a seguire sul libro.

L'insegnante legge la prima frase e poi, di seguito, la seconda, cercando di far emergere dagli studenti la risposta logica:
A Rosanna piacciono gli spaghetti e il pesce.

Chiedete poi quale procedimento hanno seguito per trovare la soluzione. Questo darà alla maggior parte degli studenti una indicazione chiara su come procedere.
Chiedete, in seguito, di lavorare da soli o in coppia e completare l'esercizio.
Controllate la soluzione insieme, leggendo ad alta voce.

Soluzione:
A Rosanna piacciono gli spaghetti e il pesce;
a Davide piacciono le mele e il pesce;
a Giulia piace il formaggio;
a Simone piacciono il formaggio e gli spaghetti.

4/5 Una storia da mimare.
Muoviti come Tobi!
Ascolta e metti i numeri.

Seguendo il procedimento suggerito nella premessa, presentate e realizzate la storia da mimare.

Testo audio:
Ciao. Ascolta e ripeti i movimenti
Guarda! Fai come me.
Pronto? Via!

Vai a un distributore automatico di bevande
Metti una mano in tasca
Prendi tre monete
Metti le monete nel distributore
Premi il pulsante
Prendi la lattina
Aprila
Asciugati il viso
Bevi

E ora tocca a te. Ripeti i movimenti. Via!

Vai a un distributore automatico di bevande
Metti una mano in tasca
Prendi tre monete
Metti le monete nel distributore
Premi il pulsante
Prendi la lattina
Aprila
Asciugati il viso
Bevi
Attenzione: ora cambio l'ordine.

Apri la lattina
Metti le monete nel distributore
Vai a un distributore automatico di bevande
Bevi
Premi il pulsante
Prendi tre monete
Asciugati il viso
Prendi la lattina
Metti una mano in tasca.

Ora apri il libro. Prendi una matita.
Ascolta e metti i numeri. Fai attenzione.

Numero 1: Apri la lattina
Numero 2: Metti le monete nel distributore
Numero 3: Vai a un distributore automatico di bevande
Numero 4: Bevi
Numero 5: Premi il pulsante

Numero 6: Prendi tre monete
Numero 7: Asciugati il viso
Numero 8: Prendi la lattina
Numero 9: Metti una mano in tasca

6 Ascolta e ripeti il rap.

È un ottimo esercizio di rinforzo della struttura *Ti piace ...? Ti piacciono ...?*
L'insegnante chiede agli studenti: *Ti piace la pizza? Ti piacciono le mele?* ecc.
Aiuta gli studenti suggerendo sotto voce le risposte *Sì, mi piace, No, non mi piace; Sì, mi piacciono, No, non mi piacciono.*
Dopo qualche esempio, scrive alla lavagna le quattro risposte in modo che gli studenti ne visualizzino la grafia.

Fa poi ascoltare il *rap* dalla cassetta e invita gli studenti a ripetere, secondo le modalità presentate nella premessa.

L'insegnante fa notare l'espressione dei visi accanto alle risposte.

7 Ascolta e disegna l'espressione dei bambini.

L'insegnante disegna un viso stilizzato alla lavagna, senza il tratto della bocca e aggiunge subito, mimando, *Questa sono io. Mi piace il pesce*, e disegna una linea curva ad indicare una bocca sorridente.
Disegna poi un altro viso stilizzato e aggiunge *Non mi piace il gelato*, corredando il disegno dell'espressione corrispondente.
L'insegnante disegna un terzo viso, stilizzato, senza bocca, chiede ad uno studente *Ti piace il pollo?* e completa il disegno a seconda della risposta.

Dopo alcuni esempi, uno studente può prendere il posto dell'insegnante e porre le domande ad alcuni compagni, disegnando alla lavagna le risposte.

Si passa poi all'esercizio sul testo.
L'insegnante legge i nomi e chiede agli studenti di ripeterli alcune volte.
Informa la classe che ascolteranno una serie di interviste a ragazzi italiani sui loro gusti riguardo ai cibi.
Dopo la prima intervista a Silvia, fermerà la cassetta e farà in modo che gli studenti disegnino la bocca secondo la risposta.

Procedere poi fino alla fine delle interviste.
Al termine, far riascoltare la cassetta per un controllo generale.

Testo audio:
Voce: Silvia, ti piace il gelato?
Silvia: Il gelato? Sì, mi piace.

Voce: Simone, ti piace il pollo?
Simone: No, non mi piace.

Voce: Debora, ti piace il pesce?
Debora: No, bleah, che schifo il pesce.

Voce: Dario, ti piacciono le mele?
Dario: Sì, mi piacciono tantissimo!

Voce: Giulia, ti piace la pizza?
Giulia: Mhm... sì, mi piace.

Voce: Bruno, ti piacciono gli spaghetti?
Bruno: Che buoni! Mi piacciono tantissimo!

Per la verifica l'insegnante passa a intervistare gli studenti individualmente in questo modo: *Ora tu sei Silvia. Ti piace il gelato?* e ancora: *Tu sei Debora, ora. Ti piace il pesce?* e così via

8 Una storia. Lillo è sfortunato.

Come introduzione alla storia, si può realizzare in classe un bar immaginario. Bastano un paio di banchi (o la cattedra) e una scritta *Bar* realizzata da uno studente.
L'insegnante indica i banchi e dice *Questo è un bar* e si mette dietro ai banchi.
Su questi avrà appoggiato le flashcard o gli oggetti reali usati per l'esercizio 1.
Invita poi uno studente al banco e gli suggerisce di chiedere *Un panino, per favore.*
A tale richiesta l'insegnante porge un panino (immaginario) allo studente e risponde: *Eccolo.*
Passare poi all'ascolto e alla drammatizzazione della storia come suggerito nella premessa.

9 Domanda a tre amici che cosa gli piace mangiare.

Disegnare alla lavagna una griglia simile a quella sul libro. L'insegnante chiede ad alcuni studenti: *Ti piace il pesce? Ti piacciono le mele?* e annota sulla griglia le risposte. Dopo qualche esempio, gli studenti si intervistano tra loro e completano la griglia sul proprio libro.

 Scrivi quello che ti piace mangiare.

Gli studenti sono invitati a guardare il testo sotto alla fotografia di Alice.
L'insegnante chiede loro che cosa cambierebbero per renderlo adatto ai propri gusti. Dà un po' di tempo per pensarci e chiede poi oralmente di leggere il testo con le modifiche del caso.

L'insegnante chiede ad ogni studente di scrivere il proprio testo.
Man mano che uno studente finisce, l'insegnante passa a correggere e invita lo studente, se è il caso, a riscrivere il tutto correttamente.
Si può poi realizzare un cartellone da appendere al muro con i testi di ognuno, magari corredati da fotografie e disegni.
In questo caso è importante che ogni studente scriva personalmente, con la propria grafia, qualcosa in italiano da appendere al muro. Psicologicamente è un passaggio importante.

 Ascolta e metti i numeri.

L'insegnante dice alla classe *Il mio piatto preferito è (la pizza)* e chiede ad alcuni studenti, individualmente: *Qual è il tuo piatto preferito?*
Prima di passare all'esercizio sul libro, spiega il significato di *pollo arrosto*, sottolineando che in Italia il pollo è il tipo di carne più mangiato e che esistono molti modi di cucinarlo.
Si passa poi ad ascoltare l'audiocassetta, e a svolgere l'esercizio sul libro, confrontando i gusti dei diversi bambini con i propri.

Testo audio:
Voce: **Uno**
Voce: Ciao, come ti chiami?
Federico: Mi chiamo Federico.
Voce: Federico, qual è il tuo piatto preferito?
Federico: Il mio piatto preferito? Mi piace tantissimo la pizza.

Voce: **Due**
Voce: Ciao, come ti chiami?
Giulia: Mi chiamo Giulia.
Voce: Giulia, qual è il tuo piatto preferito?
Giulia: Gli spaghetti.

Voce: **Tre**
Voce: Ciao, come ti chiami?
Carla: Carla.
Voce: Carla, qual è il tuo piatto preferito?
Carla: Il pollo arrosto. Mi piace molto!

Voce: **Quattro**
Voce: Ciao, come ti chiami?
Marco: Mi chiamo Marco.
Voce: Marco, qual è il tuo piatto preferito?
Marco: Le patatine fritte.

L'insegnante suggerisce infine di giocare ad un *gioco di memoria*.
Su un foglio di carta fa scrivere i 4 nomi: *Federico, Giulia, Carla, Marco* e, dopo aver lasciato per 15 secondi la possibilità di osservare attentamente la pagina, chiede di chiudere il libro ed abbinare ad ogni nome i cibi relativi.

Unità 10 Il corpo

In questa unità gli studenti impareranno a capire:
Il pirata ha (gli occhi neri).
Bravo! Ecco il tuo premio.
Oh, Michele. Guardati le braccia.
Ogni anno, a Carnevale, i bambini italiani fanno festa: si mettono la maschera di personaggi famosi o di animali.
La maschera più bella vince un premio.

In questa unità gli studenti impareranno ad utilizzare:
La bocca, le braccia, i capelli, i denti, la faccia, le gambe, il naso, le orecchie, i piedi, le mani.
Il naso piccolo, la bocca piccola.
Il naso grande, la bocca grande.
Gli occhi grandi, gli occhi piccoli.
Le orecchie grandi, le orecchie piccole.
Mi piace di più la zebra. E a te?
Lui/lei ha...

Attività ed abilità operative:
Cantare la canzone sulle parti del corpo e colorare le cornici dei disegni in base alle parole colorate della canzone.
Scrivere testi descrittivi, abbinare espressioni e nomi.
Leggere brevi testi descrittivi, abbinarli con i disegni e leggere a voce alta le risposte.
Capire il significato delle espressioni di una storia.
Leggere alcune informazioni sul Carnevale dei bambini italiani.
Parlare della maschera che piace di più e chiedere l'opinione di qualcun altro.
Ritagliare le facce dall'appendice e incollarle nel libro dello studente.
Fare un gioco interattivo basato sul metodo dell'informazione mancante.

 Ascolta e canta. Poi leggi e colora le cornici dei disegni.

Prima di passare all'ascolto della canzone, introdurre le parole nuove con l'aiuto di flashcard, secondo le indicazioni suggerite nella premessa.
Visto che si tratta di parti del corpo, anziché utilizzare delle immagini, si potrebbero indicare le parti del corpo vere e proprie.

Presentare poi la canzone, secondo la metodologia già illustrata. Poiché si tratta di una melodia piuttosto orecchiabile, si possono accelerare le tappe normalmente suggerite per arrivare in minor tempo al canto e al ballo di tutti gli studenti.
Naturalmente questa canzone si presta ad essere mimata.

L'insegnante chiede successivamente agli studenti di colorare i bordi delle immagini secondo l'esempio indicato.

In seguito si può passare a un *gioco di memoria*.
Gli studenti hanno circa 30 secondi per guardare le immagini e associarle visivamente ai rispettivi colori.
Dopo questo periodo di tempo chiudono il libro.
L'insegnante dice *rosso* e gli studenti devono indovinare la relativa parte del corpo *(testa)*, e così via.
Successivamente uno studente può prendere il posto dell'insegnante.

 Ascolta e scrivi i nomi giusti dei pirati.

Prima di affrontare l'esercizio introdurre gli aggettivi *grande* e *piccolo* con l'aiuto di disegni alla lavagna anche molto stilizzati.
È una buona idea disegnare due oggetti dei quali gli studenti conoscono già il termine in italiano, così da non associare grande o piccolo a due nuovi oggetti *(Un libro grande, un libro piccolo)*.
Il tono della voce dell'insegnante è qui tanto importante quanto l'aspetto visivo.

Richiamare alla memoria la struttura *(Maria) ha...* Ricorrete ad esempi concreti già conosciuti.
Date, ad esempio, ad uno studente, una flashcard sugli animali e dite a tutti *(Marco) ha un gatto.*
Per contrasto l'insegnante potrà anche usare *non ha un (gatto).*

Passate quindi ad esempi orali del tipo *...ha i capelli neri* (nominando uno studente con i capelli neri), *ha gli occhi blu* (indicando qualcuno con gli occhi blu).

Passate poi all'esercizio di ascolto di pagina 69, secondo le indicazioni metodologiche suggerite nella premessa.

Testo audio:
Voce 1: Capitan Veleno ha i capelli marroni, il naso grande e le orecchie piccole, gli occhi verdi e i denti gialli.

Voce 2: Capitan Spada ha i capelli neri, il naso grande e le orecchie grandi, gli occhi verdi e i denti gialli.

Voce 1: Capitan Uragano ha i capelli marroni, il naso grande e le orecchie grandi, gli occhi verdi e i denti bianchi.

Voce 2: Capitan Fulmine ha i capelli neri, il naso piccolo e le orecchie piccole gli occhi verdi e i denti bianchi.

Soluzione:
Fulmine, Spada, Veleno, Uragano.

 Osserva, leggi e parla.

Il lavoro di preparazione svolto per l'esercizio precedente consente di affrontare questo esercizio con una certa facilità.
Gli studenti devono capire dalla lettura quali descrizioni si riferiscono ai due personaggi delle immagini.

Eventualmente, al termine dell'esercizio svolto individualmente, due volontari descrivono completamente i due personaggi illustrati.

Soluzione:
Capitan Spadino è il numero 2
Capitan Spadone è il numero 3

 Ascolta e colora il pirata.

Gli studenti devono ascoltare la cassetta e colorare le parti del corpo secondo le indicazioni.
Può darsi che qualche studente sia particolarmente lento nel colorare.
In questo caso, l'insegnante chiederà di colorare solo una parte del bordo, per mostrare che si è capito il comando.
La colorazione potrà essere completata in un secondo tempo.

Testo audio:
Il pirata ha gli occhi verdi, il naso rosso, la bocca rosa, i denti gialli e le braccia marroni.

 Osserva e scrivi.

È un esercizio di riflessione sulla lingua.
L'insegnante scrive alla lavagna i due esempi riportati sul libro *il naso piccolo, il naso grande*, disegna quindi altre parti del corpo e chiede *Come sono? Piccoli o grandi?* Aspetta una risposta da parte degli studenti e rifletterà insieme a loro sugli abbinamenti possibili.
Scrive poi la frase esatta vicino al disegno evidenziando gli aggettivi *piccolo* e *grande* con lo stesso codice di colori usato nello schema di *Guarda bene!*. Es.: *la bocca grande, il naso grande, la bocca piccola, il naso piccolo, le orecchie grandi, le orecchie piccole, gli occhi grandi, gli occhi piccoli.*

Gli studenti completano poi l'esercizio sul libro e confrontano tra loro le soluzioni, riflettendo insieme all'insegnante sulla forma plurale degli aggettivi.
Non soffermatevi troppo sulla regola!

 Una storia. Il premio di Michele.

Secondo le indicazioni già suggerite nella premessa, presentate la storia attraverso la cassetta audio.
Si può eventualmente mimare la storia in classe.

 Il Carnevale dei bambini.

Spiegate che in Italia i bambini festeggiano il Carnevale, spesso anche a scuola.
Leggete insieme alla classe la breve presentazione delle fotografie e assicuratevi che la comprensione sia chiara per tutti.

Leggete poi il dialogo tra i due studenti nella foto.
Utilizzando la stessa struttura comunicativa, iniziate una conversazione in classe sulle 4 fotografie:
*Mi piace la zebra, (Carlo).
E a te?
Mi piace di più (la farfalla).
Quale maschera ti piace di più?
Mi piace di più...*

Nota: può essere utile e divertente realizzare in classe qualcosa di simile a quanto illustrato nelle fotografie.
In questo caso, ricordarsi di usare vernici non tossiche, anallergiche, lavabili e sicure.

 Domanda a cinque compagni.

Utilizzando il modello comunicativo fornito nell'esercizio precedente, gli studenti si muovono nell'aula chiedendo a cinque compagni a scelta quale sia il loro animale preferito.

 Ritaglia le facce a pag. 95.

Ci sono in appendice (a pagina 95) due pagine simili a questa.
Ritagliare queste due pagine e ricavare delle strisce (due con i capelli e le lettere *L* e *S*; due con gli occhi e le lettere *O* e *A*; due con i nasi e le lettere *B* e *T*; due con le bocche e le lettere *A* e *O*).
Incollare le strisce una sull'altra, mettendo la colla solo negli spazi indicati, così da poter sfogliare i vari elementi simili e formare diverse combinazioni per visi diversi.

Ad ogni combinazione corrisponderà un nome che si leggerà verticalmente nella colonna di destra.

L'insegnante fornisce una serie di istruzioni, ad es. *Ha i capelli blu, gli occhi marroni, il naso grande e la bocca grande e rossa* e chiede subito: *Come si chiama?*
Gli studenti rispondono con il nome che risulta dagli abbinamenti richiesti: *MARA*.

Ripetere questo procedimento diverse volte; dopo alcuni esempi uno studente può prendere il posto dell'insegnante.

Se la classe mostra di gradire questo tipo di esercizio, si può proporre anche il percorso inverso: l'insegnante propone un nome e gli studenti forniscono la descrizione.

Unità di verifica

Svolgimento delle prove, correzione collettiva, discussione e approfondimento delle correzioni. Per quest'ultima fase riutilizzare le unità precedenti e coinvolgere tutti gli studenti.

Elementi linguistici che vengono riutilizzati:
Apri la porta.
Mettiti il casco.
Batti i piedi.
Batti le mani.
Gira.
Ridi.
Mettiti il maglione.
Arrabbiato, spaventato, triste, stanco.
Nomi dei cibi.
Parti del corpo.
Qual è il tuo giorno preferito? Il venerdì.
Come si chiama? (Maria).
Giochiamo! No, noi abbiamo un altro gioco.
Quando è il tuo compleanno?
In gennaio.
Un panino, per favore.
Eccolo.
Ti piace la pizza? Sì, mi piace.

Attività ed abilità operative:
Abbinare istruzioni con i disegni corrispondenti.
Abbinare le facce con gli stati d'animo corrispondenti.
Scrivere delle frasi su che cosa piace/non piace ai bambini.
Abbinare domande e risposte, affermazioni e reazioni.

1. Metti una crocetta accanto al disegno giusto.

Dopo qualche esempio orale, nel quale gli studenti ricordano anche in quale canzone o rap o storia hanno incontrato le espressioni usate, passare a svolgere l'esercizio.
Gli studenti lavorano individualmente.

2. Abbina le parole ai disegni.

L'insegnante spiega l'esercizio e gli studenti lo svolgono individualmente. Al termine, si procederà ad una correzione collettiva.

3. Scrivi le frasi.

Sull'esempio indicato dal fumetto, gli studenti scrivono, a matita, le frasi che devono corredare ogni vignetta.

L'insegnante incoraggia lo svolgimento dell'esercizio senza il confronto con le pagine precedenti del libro.
Se però, per qualche studente, questo risulta troppo difficile, lasciate pure che sfogli le pagine precedenti alla ricerca delle parole giuste da copiare (anche questo è comunque un utile esercizio di comprensione-selezione-copiatura).

Man mano che uno studente finisce, l'insegnante corregge ed invita a cancellare e riscrivere le eventuali parole sbagliate.

Soluzione:
Non mi piacciono la cioccolata calda e l'aranciata.
Mi piacciono il latte e le mele.

Non mi piacciono le banane e i panini.
Mi piacciono il pesce e gli spaghetti.

Non mi piacciono il gelato e le patatine fritte.
Mi piacciono il succo di frutta e il latte.

4. Che bel pagliaccio! Scrivi le parole negli spazi giusti.

Gli studenti lavorano individualmente scrivendo a matita, per far correggere agevolmente gli eventuali errori.

5. Collega domande e risposte.

Individualmente, gli studenti devono collegare domande e risposte.

L'insegnante corregge e osserva quali errori sono più ricorrenti.

Sarà da lì che dovrà partire la spiegazione di rinforzo, magari con l'aiuto di alcuni studenti.

Il Natale

In questa unità gli studenti impareranno a capire:
Guarda le mie fotografie di Natale.
Il panettone.
Il mio presepe.
Mi piace scrivere i biglietti di auguri.
In questo giorno di pace e d'amore
ti auguriamo di cuore
un sereno Natale, un felice anno nuovo.
Hai bisogno di: forbici, cartoncino, colla, carta da regali.
Ritaglia il puzzle, incollalo sul cartoncino, ritaglialo
sulle linee tratteggiate, mettilo in una scatola.
Fai un pacchetto. Regalalo ad un amico.

In questa unità gli studenti impareranno ad utilizzare:
Buon Natale e Felice Anno Nuovo!

Attività ed abilità operative:
Cantare una canzone.
Leggere alcune informazioni sul Natale in Italia.
Seguire le istruzioni per fare un puzzle di Natale.
Fare gli auguri di Natale.

 Ascolta e canta.

Gli studenti ascoltano attentamente la cassetta.
Per la presentazione della canzone si rimanda alla premessa, nel paragrafo dedicato a **Canzoni, Filastrocche, Rime e Rap.**
Dato che il testo della canzone non è di facile comprensione, dopo l'ascolto sarà opportuno tradurlo.

 La festa di Natale.

Prima di procedere alla lettura del testo, l'insegnante stimola gli studenti a parlare di come ognuno di loro festeggi il Natale, di quale sia per loro il significato di questa festa, quali le loro tradizioni preferite, quali i regali che vorrebbero ricevere, a chi vorrebbero scrivere un bigliettino di auguri, ecc. Poi gli studenti osservano le fotografie e dicono che cosa, nelle foto, li colpisce di più. Probabilmente qualcuno noterà il panettone e il presepe.
Questo sarà lo spunto per presentare le tradizioni italiane natalizie: (il presepe ha una grande tradizione che risale a San Francesco d'Assisi, il panettone è un dolce tipico nazionale; l'albero di Natale addobbato di luci colorate).

Poi l'insegnante invita un volontario a leggere il testo a pagina 78.

 Fai un puzzle per Natale.

L'insegnante consegna ad ogni studente una fotocopia del modello dell'albero di Natale nell'appendice della guida a pagina 58.

Poi gli studenti lavorano individualmente alla costruzione del puzzle, seguendo le indicazioni dell'insegnante.

 Gli auguri di Natale.

Al termine, ognuno di loro sceglie un compagno a cui regalare il puzzle. L'insegnante avrà cura di controllare che tutti gli studenti ricevano un puzzle in regalo.

Il modello fornito dal dialogo di pagina 79 sarà utile agli studenti che daranno il puzzle in regalo al compagno scelto.

La Befana

In questa unità gli studenti impareranno a capire ed utilizzare:
La notte del 5 gennaio, a notte fonda.
I due fratellini non dormono.
(Fabio) dormi?
No, non ancora.
Non ci riesco.
Se ci vede la Befana, non ci lascia i regali.
Allora, chiudiamo gli occhi e dormiamo!
Guarda là nel cielo blu.
Guarda un po' più su.
La befana se ne va, vola a gran velocità
per i bimbi buoni mette un dono nel camin.
Scopa va sopra i monti e la città
Vola su, vola giù, va per tutto il cielo blu.

Attività ed abilità operative:
Capire il significato di una storia
Cantare una canzone

 Una storia. La Befana. Ascolta e leggi.

Prima di passare all'ascolto della storia è necessario dare agli studenti informazioni sulla Befana. La festa dell'Epifania (da cui deriva il termine Befana) è una festa molto sentita in Italia, soprattutto tra i bambini.

Sottolineare che questa vecchina (la Befana) porta i regali ai bambini nella notte tra il 5 e il 6 gennaio e lascia i regali solo se i bambini stanno già dormendo.
Far immaginare quindi agli studenti quale sarà la paura principale se a notte fonda ancora non dormono. In questo lavoro di anticipazione, ripetere in italiano le frasi che compaiono nella storia, inserendo così il nuovo vocabolario, es.: *"Se la befana vede i bambini che non dormono, non lascia i regali".*
Presentare quindi le seguenti parole secondo le modalità suggerite nella premessa:
dormi?, non ci riesco, il regalo, chiudiamo gli occhi! Buonanotte!

Per quanto riguarda la struttura *non ci riesco* l'insegnante incoraggia alcuni studenti a dare degli ordini tipo *apri la porta, batti le mani...*
Al che l'insegnante esagerando nella mimica fa vedere che le è impossibile fare i movimenti richiesti e con viso rattristato risponde *non ci riesco*.

Ascoltare la storia e leggerla insieme.

 Ascolta e canta.

In una prima fase far osservare attentamente agli studenti l'immagine della Befana a pagina 80 e farla descrivere, riutilizzando in questo modo il vocabolario già noto. Domande tipo *"Di che colore sono i capelli della befana?", "La befana ha le scarpe?", "La befana ha gli occhi grandi?"* incentivano la discussione.
Complimentatevi ogniqualvolta uno studente produce una sua frase.
Sostenete la libera iniziativa nel parlare.
Richiamate ora alla memoria la tigre Tobi e dite agli studenti di mimare: *salta su, salta giù,* poi *vola su, vola giù,* ora anticipando voi il movimento *guarda su, guarda giù.*
Presentate poi le altre nuove parole:
vola a gran velocità, sopra i monti e la città, nel cielo blu.
Il restante vocabolario non viene introdotto, essendo piuttosto difficile a questo livello.
Gli studenti riusciranno sicuramente a capire il senso della canzone.
Ricordatevi di sostenere questo lavoro di comprensione globale del testo.
Ascolto della canzone secondo le tecniche previste nell'introduzione.
I rimanenti dubbi vengono poi chiariti dall'insegnante nella discussione finale.

La storia della Befana è adatta ad essere rappresentata durante la festa natalizia della scuola, alla presenza, ad. es., dei genitori. Due bambini impersonano i fratellini, un altro bambino si maschera da Befana e ne mima i movimenti mentre il resto della classe canta la canzone.

La Pasqua

In questa unità gli studenti impareranno a capire:
L'uovo di Pasqua. Coloralo.
Scopri la sorpresa.
Che mai ci sarà?
C'è forse nascosta la felicità?
Aprilo piano, se no, là per là, la dolce sorpresa scappare potrà.

In questa unità gli studenti impareranno ad utilizzare:
C'è (la felicità)? Ci sono (le sorprese).

 Ascolta la filastrocca.

Prima di passare all'ascolto della filastrocca, informare gli studenti sulla tradizione pasquale in Italia.
I bambini ricevono delle uova di cioccolato ricoperte di carta colorata con all'interno una sorpresa.
Introdurre le parole *uovo di Pasqua, uovo di cioccolato*.

Richiamate alla mente la storia dell'Unità 1 di pagina 8 e chiedete agli studenti *Che cosa c'è nella scatola?*
Aspettate una loro risposta. Poi suggeritela voi: *ci sono le lumache*.
Prendete quindi una scatola vuota e metteteci dentro un righello.
Ponete ora la stessa domanda ad uno studente e se necessario suggerite la risposta: *c'è un righello*.
Mettete ora due righelli nella scatola e ponete sempre la stessa domanda.
Suggerite voi la risposta: *ci sono due righelli*.
Seguite lo stesso procedimento, mettendo nella scatola una volta una gomma e in seguito più gomme.
Cercate di sensibilizzare gli studenti verso la differenza tra *c'è* e *ci sono*.
Proponete quindi il seguente gioco a gruppi.
Mettete a disposizione di un gruppo di studenti una scatola delle scarpe.
Bendate gli occhi a turno ad un membro del gruppo. Gli altri bambini vi pongono un oggetto e chiedono *Che cosa c'è nella scatola?* Se il bambino, toccando l'oggetto, indovina la risposta, guadagna un punto e passa la scatola al vicino di posto.
Vince chi accumula più punti.
Introdurre i bambini all'ascolto della filastrocca riassumendone il contenuto.
Passare quindi alla lettura.

 Scegli l'uovo che ti piace di più, coloralo, poi scopri la sorpresa.

Gli studenti devono colorare l'uovo che preferiscono secondo i loro gusti e poi scoprirne la sorpresa.
L'insegnante chiederà poi ad ognuno:
Che cosa c'è nel tuo uovo di Pasqua?

Un musical: la gita al mare

Ecco alcune indicazioni per realizzare la commedia presentata sul testo.

La commedia può essere realizzata per i genitori o per gli altri studenti; il livello della lingua utilizzato dovrebbe consentire una comprensione agevole a tutti.
Prima di iniziare la rappresentazione è comunque necessario che l'insegnante presenti rapidamente la storia, favorendo così una comprensione almeno intuitiva anche per chi non abbia familiarità con l'italiano.
L'insegnante avvisa che, prima di ogni scena, apparirà uno studente-regista che ne indicherà il titolo.
Tale titolo può consistere nella semplice indicazione del numero della scena o può essere visivamente mostrato in un cartello che riporti il titolo della scena, come indicato di seguito.

Nota: non tutti gli studenti possono trovare un ruolo adeguato in questo tipo di recite. A questo proposito, però, si osservi che gli interventi del coro coinvolgono tutta la classe, anche chi non recita.
Il coro, inoltre, rimane sempre sulla scena, nello sfondo o a lato, ma sempre in scena in maniera visibile. Questo contribuirà a gratificare anche chi non ha una parte da protagonista.

Scena 1   La famiglia a colazione.

Uno studente-regista appare sulla scena con un grande cartello su cui sta scritto *Scena 1: Domenica* (oppure il titolo per esteso, come spiegato in precedenza), lo mostra al pubblico, si inchina ed esce.
Una famiglia è seduta al tavolo per la colazione.

Scena 2   Preparativi per la partenza.

Lo studente-regista appare sulla scena per mostrare il cartello con il titolo e lo mostra come nella fase precedente.
La famiglia sta caricando l'automobile.
L'automobile consiste in 6 sedie: due per i sedili anteriori, due per i sedili posteriori e due per il bagagliaio formato da uno scatolone appoggiato sulle due sedie.
La famiglia inizia la scena in piedi, vicino al bagagliaio.

Scena 3   In macchina.

Il cartello viene presentato come sopra.
La famiglia si siede in automobile.
La mamma è al posto di guida, vicino a lei c'è Teresa, dietro c'è il papà con Riccardo e Luca.
Durante il viaggio i componenti della famiglia mangiano i panini e buttano le carte dal finestrino. Lo stesso fanno con le lattine.

Scena 4   In spiaggia.

Di nuovo il cartello viene presentato, secondo le stesse modalità.

La famiglia esce dall'auto ed estrae dal bagagliaio tutto l'occorrente per la spiaggia: l'ombrellone, la borsa frigorifero, gli asciugamani, su uno dei quali vengono posti gli oggetti contenuti nella borsa frigorifero.
Non molto lontano ci sono i vicini d'ombrellone che osservano la scena; con la mimica del viso e del corpo fanno capire di disapprovare tutto quello che vedono.

Mentre mangiano, i componenti della famiglia gettano in terra cartacce e lattine con gesti plateali.

Scena 5   Al rientro dal mare.

Ancora lo studente-regista introduce la scena presentando il cartello; saluta ed esce inchinandosi.

Dopo essere saliti in automobile, tutti cantano, ad eccezione di Sofia che è già addormentata.
Per evidenziare la stanchezza espressa dal dialogo, la canzone riprende il tema musicale di quella precedente, ma nel ritmo e nell'arrangiamento è decisamente più... *stanca*!

Scena 6   Due giorni dopo.

Il cartello viene mostrato come sopra.
Mentre tutti i componenti della famiglia guardano la TV seduti in salotto, qualcuno suona alla porta.

Per la scenografia del salotto, se il palco è grande, si lascia una parte adibita a salotto,

Un musical: la gita al mare

altrimenti, sugli applausi della scena precedente viene rapidamente allestito un salotto con qualche sedia e uno scatolone-TV. Anche questo cambio è da verificare durante le prove.

Il postino consegna un pacco. Quasi sapesse ciò che contiene, il postino, con la mimica facciale, lascia intuire che c'è qualcosa di strano e di importante, in quel pacco.
Nel pacco ci saranno le cartacce e le lattine buttate in precedenza (in realtà, per facilitare la regia dello spettacolo, si tratta di un'altra serie di cartacce e lattine, del tutto simile a quella buttata all'inizio della commedia.
C'è anche un grande biglietto che esce dal pacco: *Avete dimenticato i vostri rifiuti in spiaggia! I vostri vicini d'ombrellone*.
Eventualmente, il biglietto nel pacco può essere piccolo, e lo studente-regista entra in scena con un bigliettino versione maxi che legge al pubblico con voce arrabbiata, oppure un componente della famiglia legge il biglietto al pubblico.

La scena termina con i componenti della famiglia che si mostrano afflitti e affranti, consapevoli di aver compiuto una grave scorrettezza, sporcando la spiaggia.

 **La domenica seguente. Di nuovo al mare.**

Il cartello viene presentato come sempre e, dietro lo studente-regista si vede la famiglia, seduta sotto il solito ombrellone che sta mangiando ancora una volta al solito posto in spiaggia.

Tutti cantano, mostrando di gradire la loro giornata al mare. Al tempo stesso, con grande evidenza, fanno vedere che stavolta buttano cartacce e lattine in una borsa di plastica, che poi mettono in un cestino per rifiuti (o nel bagagliaio).

La famiglia si siede in automobile e canta di nuovo.

Alla fine, entra in scena lo studente-regista con un cartello con la scritta *Fine*.
Dietro di lui, tutti gli attori e le attrici si presentano al pubblico per ricevere i meritati applausi.

Libro degli esercizi - Soluzioni

Unità introduttiva
Buongiorno, bambini!
Buongiorno, maestro.
Come ti chiami?
Mi chiamo Mario.
Ciao, sono Anna.
Ciao
Arrivederci, bambini!
Arrivederci, maestro!

Unità 1-1
dieci, *nove*, otto, sette, *sei*, cinque, quattro, tre, *due*, uno, zero.

Unità 1-2
uno, *due*, *tre*, quattro, cinque
sei, cinque, quattro, tre, *due*
dieci, nove, *otto*, sette

Unità 1-3
in senso orizzontale: *uno, dieci, quattro, tre, nove*
in senso verticale: *cinque, due, sette, sei,* otto

Unità 1-4
Che cosa c'è nella scatola?
Ci sono le lumache.
Siete pronti, bambini?
Sì, sì!!
Come ti chiami?
Mi chiamo Linda.
Qual è il tuo numero di telefono?
02.518476

Unità 2-1
viola, nero, giallo, rosa, blu, verde, rosso, arancione, bianco

Unità 2-2
Mi chiamo Maria, sono *spagnola*.
Mi chiamo Paolo, sono *italiano*.
Mi chiamo Pierre, sono *francese*.
Mi chiamo Kate, sono *canadese*.

Unità 2-5
1 pizza
2 bianco
3 buongiorno
4 due
5 Tobi
6 grazie

Unità 2-6
Mario, Sandra, Matteo, Bruno

Unità 3-1
un righello rosso, un astuccio rosa e blu, un libro giallo e blu, due zaini blu e arancioni, una penna blu, due penne rosse, un astuccio rosa

Unità 3-2
in senso orizzontale: astuccio, penna, libro
in senso verticale: zaino, matita, righello, gomma

Unità 3-3
1 Apri lo zaino
2 Prendi il righello
3 Prendi due libri
4 Prendi tre penne
5 Prendi quattro matite
6 Che cos'è? Una corda per saltare
7 Uno, due, tre.
8 Evviva!

Unità 3-4
un righello rosso, una gomma gialla e bianca, una penna rossa e blu, una matita verde, un astuccio giallo e nero, un libro blu e verde

Unità 4-1
1 Hai un animale in casa?
2 Sì, ce l'ho.
3 Che animale è?
4 Un pesce.
5 Di che colore è?
6 Rosso e blu.

Unità 4-2
Giulia: Hai un animale in casa?
Tommaso: Sì, ce l'ho.
Giulia: Che animale è?
Tommaso: Un pappagallo.
Giulia: Di che colore è?
Tommaso: Blu e giallo.

Unità 4-3
Vola come un pappagallo.
Corri come un coniglio.
Nuota come un pesce.
Mangia come un criceto.
Stai seduto come un cane.
Ruggisci come una tigre.

Unità 4-4
1 Hai un animale in casa?
  Sì, un criceto.
2 Quanti conigli ci sono?
  Sei.
3 Di che colore è il tuo zaino?
  Blu.
4 Qual è il tuo numero di telefono?
  071.723948.
5 Che cosa c'è nel tuo zaino?
  Ci sono tre libri.

Libro degli esercizi - Soluzioni

6 Come ti chiami?
Mi chiamo Sandra.

Unità 4-5
una tartaruga, un cane
sei cani, una tartaruga
quattro topolini, tre topolini
cane
cane
due gatti
sei
otto
tartarughe

Unità 5-1
venerdì

Unità 5-2
Il mio giorno preferito è il *venerdì*.
Il mio colore preferito è il *rosso*.
Il mio *numero preferito* è il sette.
Il mio *animale preferito* è il criceto.
La mia bandiera *preferita* è verde, gialla, blu e rossa.

Unità 5-3
una *rana rossa martedì*
un *pappagallo rosso mercoledì*
un *gatto rosso giovedì*
un *cane rosso venerdì*
un *pesce rosso sabato*
Sì, io *amo* il *rosso*

Unità 5-4
Lunedì un coniglio rosso
Martedì un cane marrone
Mercoledì un pappagallo verde
Giovedì una rana rossa
Venerdì un pesce giallo
Sabato un gatto viola

Unità 6-3
Alzati dal *letto*.
Mettiti la maglietta.
Mettiti *i pantaloni corti*.
Mettiti *i calzini*.
Mettiti *le scarpe da ginnastica*.
Mettiti *il casco*.
Apri la porta.
Grida "Oh, no! Piove."

Unità 6-5
Il mio cappello preferito è rosso.
L'animale preferito di Tobi è la tartaruga.
Che vestiti ha Michele?
Mettiti i jeans verdi.

Unità 7-1
Gennaio, Febbraio, Marzo, Aprile, Maggio, Giugno, Luglio, Agosto, Settembre, Ottobre, Novembre, Dicembre

Unità 7-3
Andrea: agosto
Laura: dicembre
Paolo: febbraio
Anna: marzo
Matteo: ottobre

Unità 7-5
Oggi è il compleanno di Lallo.
Simsalabino, serpente e topolino
1, 2, 3, la torta è per te.
Buon compleanno!
Grazie.
Presto! Entriamo in casa.
Com'è buona la torta!

Unità 8-1
in senso orizzontale: agosto, marzo, triste, stanco, febbraio, maggio, novembre
in senso verticale: arrabbiato, gennaio, spaventato, luglio, ottobre, giugno, settembre

Unità 8-2
gatto spaventato
coniglio arrabbiato
tartaruga felice
topo stanco
cane triste

Unità 8-3
Nicola non è arrabbiato. È spaventato.
Michele non è stanco. È triste.
Maria non è triste. È arrabbiata.
Paolo non è felice. È triste.
Elena non è spaventata. È stanca.
Tobi non è stanco. È felice.

Unità 8-4
aquilone, arrabbiato, blu, camicia, cappello, compleanno, criceto, dormire, felice, lumache, oggi, piangere, piedi, stanco, topolino, torta, triste

Unità 8-5
1 Ho un gioco nuovo. Giochiamo?
No, noi abbiamo già un altro gioco.
2 Tanti auguri, Michele.
Grazie, papà.
3 Lisa, quando è il tuo compleanno?
In luglio
4 Mettiti i calzini gialli.
No, non mi piace il giallo!
5 Scusa, papà.
Va bene, facciamo la pace.

Libro degli esercizi - Soluzioni

Unità 8-6
Come sta Elena? - È felice.
Come sta Nicola? - È stanco.
Come sta Bruno? - È allegro.
Come sta Sara? - È spaventata.
Come sta Sandra? - È triste.

Unità 9-1
le banane, il formaggio, gli spaghetti, il pollo, il pesce, il panino, la pizza, l'aranciata, la cioccolata, il gelato, le patatine, il latte, il succo d'arancia, le mele

Unità 9-2
A Sara piacciono il formaggio, il latte e le mele.
Ad Anna piace il formaggio.
A Nicola piacciono il latte, le mele e il pesce.
A Samuele piace il latte.
A Paolo piacciono il pesce, il latte e il formaggio.

Unità 9-4
1 Mi piacciono i panini,
2 il pollo arrosto
3 e il pesce. Non mi piace
4 il formaggio. Il mio
5 piatto preferito
6 è la pizza.

1 Il mio piatto
2 preferito è la pizza e
3 la mia bevanda preferita
4 è l'aranciata. Non
5 mi piace il pesce.

1 Mi piacciono le mele
2 e le banane. Non mi
3 piace il pollo
4 e non mi piace
5 il pesce.
6 La mia bevanda
7 preferita è il latte.

1 Non mi piace
2 il succo di frutta e non mi
3 piace l'aranciata. Le mie
4 bevande preferite sono
5 il latte e
6 la cioccolata calda. Il mio
7 piatto preferito sono
8 gli spaghetti.

Unità 10-1
Bocca, testa, piedi, denti, gambe, verde, braccia, capelli, faccia

Unità 10-2
la bocca piccola
le orecchie arancioni
il naso grande
i denti

Unità 10-5
Nove
Un cappello
Un righello, due libri, tre penne, quattro matite, una corda per saltare
Rosa
Un pesce arancione
Sedici
In dicembre
Un gioco nuovo
I panini
Cristina

Appendice

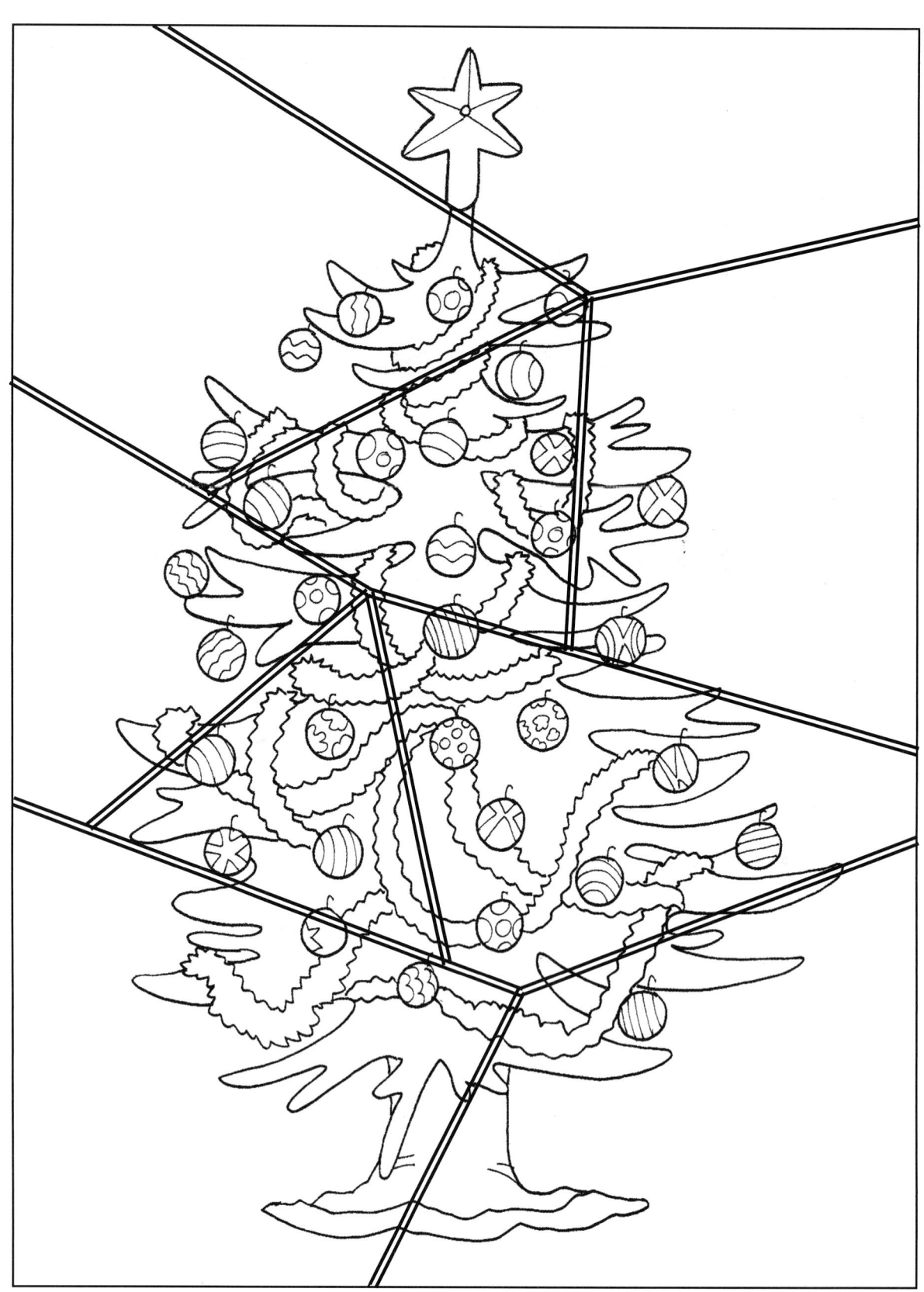

Appendice

Appendice

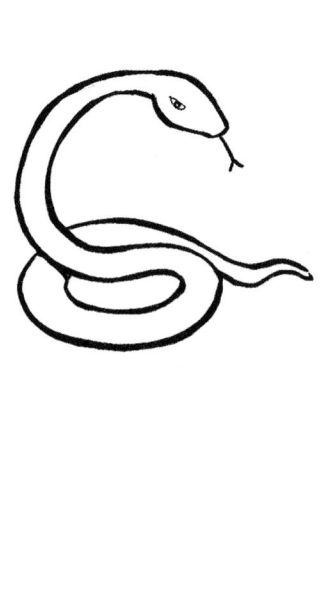

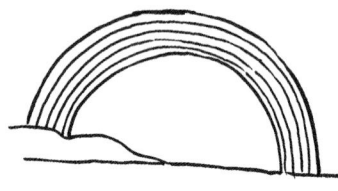

Appendice

 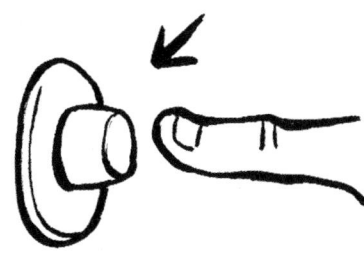

 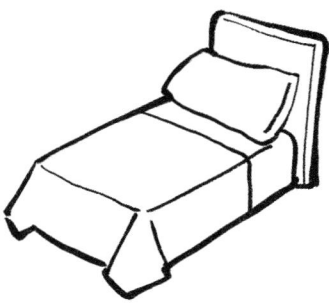 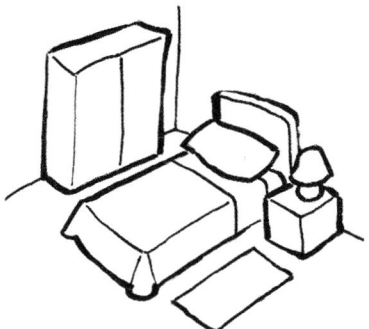

Appendice

Appendice

Appendice

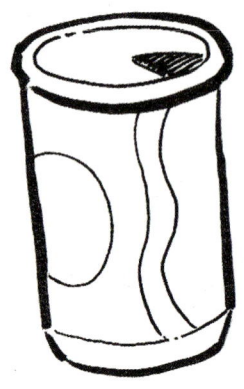